"全国爱国主义教育示范基地巡礼"系列图书

邓小平故居陈列馆

DENGXIAOPING GUJU
CHENLIEGUAN

本书编写组 ———— 编

学习出版社

编纂委员会

（本书由邓小平故里管理局组织编写）

主　　任：李俊霏

副 主 任：周才军　唐熙浩

主　　编：熊合欢　任　非

副 主 编：龙为羽

编　　辑：张　燕

目　录

◀ 特色活动

基地简介

地阔为广，和谐即安。广土安辑，思源奋进。广安——四川盆地东北部的一颗璀璨明珠，紧邻重庆市，1993 年 7 月设立广安地区，1998 年 7 月撤地设市，现辖广安区、前锋区、华蓥市、岳池县、武胜县、邻水县，辖区面积 6339 平方公里，总人口约 450 万。

1904 年 8 月 22 日，中国社会主义改革开放和现代化建设的总设计师邓小平诞生在这块美丽而富饶的土地上。广安人民牢记邓小平"一定要把广安建设好"的谆谆嘱托，并以此作为广安奋发图强的精神动力，2004 年，在邓小平同志百年诞辰之际，以邓小平同志故居为核心的纪念园区应运而生。《春天的故事》唱遍了全国，也唱响了世界。从此，广安成为世人关注的焦点。

一、基本情况及特点

    邓小平故里是全国唯一以纪念邓小平为主题的纪念园区，核心区占地面积 830 亩，是全国爱国主义教育示范基地、全国青少年教育基地、全国廉政教育基地、全国新时期党性教育特色基地、全国文明单位、全国民族团结进步教育基地和国家一级博物馆、国家 5A 级旅游景区，具有丰富的文化和教育资源。内有邓小平同志故居、北山小学堂、翰林院子和蚕房院子 4 处全国重点文物保护单位，有邓绍昌墓、淡氏墓 2 处省级文物保护单位。经中共中央批准，修建了邓小平铜像广场、邓小平故居陈列馆和邓小平缅怀馆等纪念设施，恢复了清水塘、神道碑、德政坊、放牛坪等近 20 处与

邓小平故里

邓小平密切相关的人文景观和自然景观，形成了郁郁葱葱、井然有序、自然亲切、令人仰慕的"天然纪念馆"风貌。

邓小平故里自对外开放以来，先后获评中国十大经典红色旅游景区、中国旅游品牌魅力景区、中国红色旅游十大影响力品牌、中国红色旅游市场游客满意十佳景区等，并两度荣获四川旅游界最高奖——金熊猫奖。2008年，邓小平故居陈列馆被评为首批国家一级博物馆，其基本陈列《我是中国人民的儿子》获第

邓小平铜像

邓小平同志故居

六届（2003—2004 年度）全国博物馆十大陈列展览精品特别奖。

2024 年，成功创建邓小平故居陈列馆——四川大学为首批国家

革命文物协同研究中心。邓小平故里积极发挥全国爱国主义教育

基地示范作用，截至 2024 年已累计接待观众 4000 万人次以上。

50 多位党和国家领导人先后莅临视察。邓小平故里已成为人们

追寻伟人足迹、缅怀伟人丰功伟绩、接受爱国主义教育和革命传

统教育的重要场所。

蚕房院子

二、基地独特优势

邓小平故里集缅怀纪念、爱国主义教育、古镇文化、社会主义新农村展示、休闲度假于一体。1980年，新西兰著名作家路易·艾黎在首访邓小平同志故居后，高度赞颂这里是"东方地平线"。

邓小平故里以打造"国际一流、国内领先"伟人纪念馆和发挥全国爱国主义教育基地功能为目标，努力开展"四个结合"。

　　"红与教"的结合。通过开展爱国主义和社会主义核心价值观教育，将红色旅游与爱国主义教育相结合，为前来开展教育的团体和个人提供最优质的服务。同时，还定期举办邓小平理论思想生平研讨会、青少年研学教育活动和邓小平专题展览，极大地丰富了教育内涵，为观众奉献了一份精神大餐。

　　"红与绿"的结合。广安拥有灿烂的文化和丰富的红色资源，既是世纪伟人邓小平的家乡，也是华蓥山游击队——双枪老太婆战斗过的地方，至今还流传着许多感人的革命事迹。"小平故里

北山小学堂

行·华蓥山上居·嘉陵江畔游"已成为全国红色旅游响亮的文旅新名片。通过将红色旅游和自然山水巧妙结合起来，使人们在接受革命传统教育和爱国主义教育的同时又能领略祖国的大好河山。

"红与古"的结合。广安古属巴国，有独具特色的古巴国文化。境内的神龙山巴人石头城，就是古巴国文化的重要遗存之一。将红色旅游资源与深厚的地域文化相结合，可以进一步提升红色旅游的

翰林院子

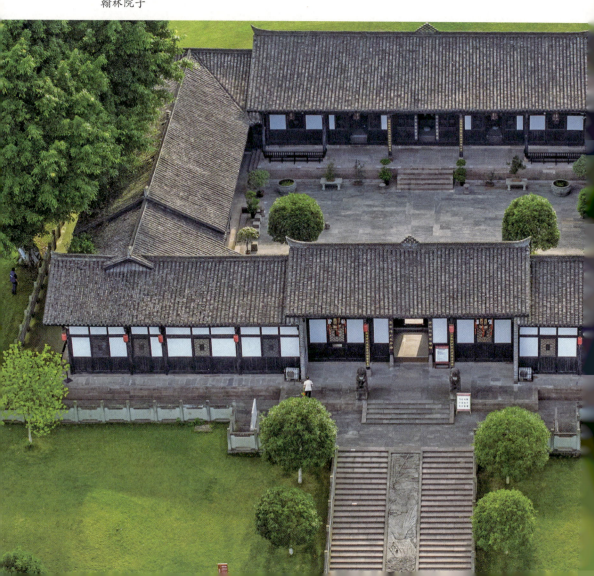

文化内涵，形成独具特色的地方文化旅游线路和品牌，满足不同层次、不同类别和不同兴趣游客的需求。

"红与俗"的结合。邓小平故里坚持文化立园方向，不断强化内在联系，按照邓小平故里核心区——小平诞生地、佛手山——小平先孺墓地、协兴古镇——小平学堂所在地、牌坊新村——小平乡亲居住地的内在联系，突出伟人故里的文化主题。同时，修缮邓小平同志故居、蚕房院子、翰林院子、北山小学堂等邓小平青少年时代活动旧址，充分挖掘川东民俗历史文化。

目前，邓小平故里红色旅游发展方兴未艾，成为四川省红色旅游的一面亮丽旗帜和开展爱国主义教育的重要基地，有力地促进了广安社会经济发展，带动了市内交通、旅游、餐饮、住宿、娱乐、商业等相关产业的迅猛发展，旅游产业链的辐射效应十分显著。

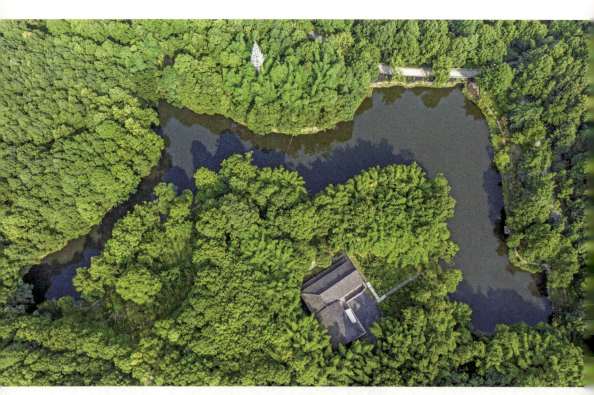

郁郁葱葱、井然有序、自然亲切、令人仰慕的"天然纪念馆"风貌

主题内容

邓小平故居陈列馆是国内唯一一家以纪念邓小平光辉一生为专题的陈列馆，拥有数量众多、质量最高、内容最丰富的邓小平文物藏品，2004 年 8 月 13 日对外开放，2008 年获评首批国家一级博物馆。2014 年，为纪念邓小平同志诞辰 110 周年，经中共中央同意，改陈邓小平故居陈列馆、新建邓小平缅怀馆。2024 年，邓小平同志诞辰 120 周年之际，改陈邓小平故居陈列馆和邓小平缅怀馆。改陈后的邓小平故居陈列馆更具视觉冲击力、精神感染力和心灵震撼力，更加全面地展示出邓小平光辉伟大的一生；邓小平缅怀馆以新颖独特的设计、浓厚的艺术氛围、高幽深邃的意境，深刻地诠释了邓小平伟大的人格魅力，引发人们无限缅怀之情。

一、邓小平故居陈列馆

（一）展览概况

　　为纪念邓小平同志诞辰 100 周年，经中共中央批准，在邓小平家乡四川广安修建了邓小平故居陈列馆。陈列展览工作在中共四川省委的直接领导下，在原中央文献研究室的协助下，在邓小平同志亲属和身边工作人员以及相关单位的支持下进行，历时两年半，2004 年 8 月 13 日正式开馆，胡锦涛同志参观了展览，并发表重要讲话。江泽民同志为陈列馆题写馆名。

邓小平故居陈列馆

邓小平故居陈列馆序厅铜像"坚定的步伐"

邓小平故居陈列馆建筑面积 4175 平方米，由序厅、3 个陈列展厅、电影厅、珍藏厅等组成。展厅位于陈列馆右侧，面积约 2648 平方米。《我是中国人民的儿子》是该馆的基本陈列。

邓小平故居陈列馆展览引入国际博物馆展览的成功理念，结合现代科学技术的先进手段，通过展出文物 170 件、档案文献资料 200 余件，选用图片 387 幅，多媒体展项 21 处，生动、全面、形象地展示了邓小平伟大辉煌又富有传奇色彩的人生历程，再现了一个又一个重大的历史场面。2024 年邓小平同志诞辰 120 周年之际，按照"把准方向、突出重点、优化空间、丰富展陈"的思路完成了改陈升级，实现了"主题鲜明、功能完善、形式新颖、体验性强"的目标，展览集历史性与现实性、思想性与艺术性、时代性与互动性于一体，极具视觉冲击力、精神感染力和心灵震撼力。

（二）展览主要特色

1. 展览内容丰富翔实，主题突出

邓小平故居陈列馆展览内容有机融入习近平总书记在纪念邓小平同志诞辰 110 周年、120 周年座谈会，庆祝改革开放 40 周年大会，庆祝中国共产党成立 100 周年大会上的重要讲话精神，体现了邓小平研究的最新成果，内容丰富、主题突出、把握准确，全面展现了邓小平波澜壮阔的人生历程和为中国革命与建设建立的丰功伟绩，共分 5 个单元。

邓小平故居陈列馆第一单元"走出广安"

第一单元"走出广安"反映了邓小平的家世，童年和少年读书生活，旅法勤工俭学走上革命道路，在莫斯科中山大学学习，投身国内革命洪流等早期革命生涯。

第二单元"戎马生涯"反映了邓小平从领导广西革命斗争、参加长征到战斗在抗日前线，再到挥师解放战场，为建立新中国，实现中华民族的独立和解放立下的赫赫战功。

第三单元"艰辛探索"反映了新中国成立后，邓小平主政大西南，特别是作为以毛泽东同志为核心的党的第一代中央领导集体的重要成员，担任中共中央总书记期间，为建立和巩固社会主义制度进行的艰辛探索。

第四单元"非常岁月"反映了邓小平在"文化大革命"中遭到错误批判后在江西的日子和他复出主持中央日常工作，大刀阔斧地全面整顿，展现了他传奇的人生经历。

邓小平是党的第二代中央领导集体的核心，是中国社会主义改革开放和现代化建设的总设计师，以改革开放为标志的新时期是他一生中最辉煌的阶段。因此，第五单元"开创伟业"是展览浓墨重彩突出反映的内容，其展陈面积占比达52%，分为"伟大转折""开辟新路""砥柱中流"3个部分，反映了在新的历史时期，邓小平领导党和人民实现伟大的历史转折，成功开辟中国特色社会主义道路，实行改革开放、进行现代化建设的伟大历史功绩。

邓小平品格高尚、性格鲜明。他遇喜不亢、临乱不惊、乐观豁达。他"三落三起"，但意志从不消沉，无私无畏、不屈不挠、越挫越勇，对党和人民的事业无限忠诚、执着追求。他热爱祖国、热爱人民、热爱家乡、热爱生活。展览在表现邓小平的传奇经历和伟大贡献的同时，也展现了他的亲情、友情和爱情，反映了他的崇高品德与情操。

2. 文物资料弥足珍贵，引人入胜

邓小平故居陈列馆拥有的有关邓小平实物资料在同类博物馆中是最集中、品质最好、内容最丰富且数量较多的。展览以大量弥足珍贵的文物照片、档案资料，丰富展览内容，真实地还原历史并呈现给观众。展品中的部分文物照片和文献都是首次公开发表。

展览中首次与观众见面的照片，有从中央新闻纪录电影制片厂数百米胶片中发现的邓小平参加开国大典活动的瞬间，这张照片是

邓小平故居陈列馆第二单元"戎马生涯"

施奈德钢铁厂登记卡

博物馆界举办展览一直在寻觅的珍贵资料。有新华社提供的充分反映 20 世纪五六十年代邓小平担任总书记最繁忙时期的照片，如到三门峡水库、河北农村、兰州煤油厂等地视察；邓小平在家中同中央负责人谈话，还有邓小平退休之日家人为他举办家庭晚宴的照片等。

原件文物除阅兵车外均为邓小平同志亲属及身边工作人员所捐赠，极其难得。如用智能 OLED 柜独立展示邓小平留法勤工俭学时的做工登记卡，可谓镇馆之宝。1949 年中共中央上海局书记刘晓送给邓小平的手表和毛衣是新中国成立后邓小平较早使用的物品，手表他一直戴到 20 世纪 80 年代；毛衣也穿了 20 多年，在江西劳动时，磨破了袖子，夫人卓琳多次精心织补的痕迹清晰可见。许多人都知道邓小平生前曾两次以"一位老共产党员"的名义向希望工程捐款 5000 元，但人们不知道在他逝世这一年，家人在他生日的时候，又以"一位老共产党员"的名义向希望工程捐款 7600 元。展览中展出了他的家人保存的捐款收据。

新时期的文物最为丰富。邓小平出席党的十二大、十二届三中全会、十二届六中全会、十三大、十四大以及全国人大会议、全国政协会议等重要会议的出席证，1992 年邓小平视察南方时穿的夹克衫和呢子大衣、戴过的围巾和鸭舌帽等，陈立夫赠给邓小平的书《成败之鉴》等，这些不仅是邓小平重要活动的历史见证，也是共和国重大决策和历史事件的见证。

大量的文献档案资料使展览内容充实、丰富，极富历史感和说服力。由于人们对邓小平早期的经历了解甚少，因此，第一单元往

邓小平故居陈列馆第四单元"非常岁月"

往有较多观众驻足仔细观看，而此部分新收集展出的文献又是最多
的。如《邓氏族谱》、邓小平1987年在中央文献研究室询问他离法
时间信函上的批复、上海《申报》有关邓小平等川籍留法勤工俭学
学生离沪的报道、莫斯科中山大学联共（布）党支部给邓小平的鉴
定书、邓小平的弟弟邓垦1931年在上海求学时为寻找邓小平在《时
事新报》上刊登的寻人启事等。展出的文献中有大量邓小平的手迹，
让参观者倍感亲切，如邓小平1926年在莫斯科中山大学学习时写
的自述、八七会议作的记录、1928年和1929年在上海作的中央会
议记录、1949年5月关于渡江情况给毛泽东的综合报告等。而1962
年邓小平草拟的在七千人大会上讲话的提纲，是新从中央档案馆找

到的，提纲对执政党建设问题提出了许多重要思想。按邓小平一贯的风格，起草讲话稿简明扼要，像这样洋洋洒洒13页纸的长篇比较少见。还有邓小平"文化大革命"时在江西劳动期间给汪东兴和毛泽东的信及毛泽东的批示手迹。在展示邓小平理论的地方，还展出了邓小平对编辑《邓小平文选》过程中有关请示的批复意见。

3. 语言文字精练飘洒，概括点题

整个展览文字力求准确、精练、概括，并充盈着深情。为使国外观众能够较好地了解邓小平，还特邀请中央编译局专家担纲展览说明英文翻译。

用准确的文字概括邓小平一生。陈列馆展览根据中共中央对邓小平的评价作出了言简意赅、准确全面的文字说明。其中《前言》写道："邓小平是伟大的马克思主义者，伟大的无产阶级革命

"宝贵的财富"场景

家、政治家、军事家、外交家，中国社会主义改革开放和现代化建设的总设计师，邓小平理论的主要创立者。"序厅右侧墙面阴刻着："他为中华民族独立、人民解放和新中国诞生，立下赫赫战功。他为中国社会主义制度的建立、巩固和发展，进行艰辛探索。他为成功开辟建设中国特色社会主义的道路，建立不朽功勋。"

用邓小平的语句凸显思想、涵盖内容。邓小平以实事求是著称于世，他崇尚实干、反对空谈。他的话亲切自然、平实简洁、深入浅出，人们总能从他浅显明了的语言中悟出深刻的道理。展览多次引用邓小平的语句。序厅左侧镌刻着邓小平自己的一句经典名言，"我是中国人民的儿子，我深情地爱着我的祖国和人民"，深深打

邓小平故居陈列馆第五单元"开创伟业"

"红旗牌检阅车"场景

动了观众，也体现了整个展览的主题。

　　展览在每一单元起始均精选了邓小平自己的一段话来概括他这一时期的经历，并作为这部分的说明，话语既朴实简洁、又生动贴切。如第一单元"走出广安"选录的是："我自从十八岁加入革命队伍，就是想把革命干成功，没有任何别的考虑，经历也是艰难的就是了。"第五单元"开创伟业"选录的是："我们这个第二代，我算是个领班人，但我们还是一个集体。对我们这个集体，人民基本上是满意的，主要是因为我们搞了改革开放，提出了四个现代化的路线，而且真正干出了实绩。"

陈列中除单元板尤为醒目地刻上邓小平自己的话外，在每个专题中也刻意引用了邓小平一些简单明了、有鲜明特点的话，或反映了邓小平的重要思想，或反映了邓小平当时的活动。第五单元"中国要出问题，还是出在共产党内部。对这个问题要清醒，要注意培养人，要按照'革命化、年轻化、知识化、专业化'的标准，选拔德才兼备的人进班子。我们说党的基本路线要管一百年，要长治久安，就要靠这一条。真正关系到大局的是这个事"。用同一人物的不同语句分别概括整体与部分内容在展览中是一次有益的尝试。

用设计者的话语细化内容、引领观众。展览策展人员怀着对小平的无限感激和崇敬之情，倾注了大量心血，笔尖上流淌出严谨有致、恰如其分又激情荡漾的伟人人生的涓细篇章，深深吸引着观众。正如展览前言所说，"也许你是经过战火洗礼的老战士，也许你是新中国的建设者，也许你是改革开放的弄潮儿，也许你是新时代的逐梦人，也许你是旅居海外的同胞，也许你是对中国充满好奇的外国人……走进这个陈列馆，让我们伴随着主人公波澜壮阔的人生历程，一同感受中华民族的雄壮，领略一代伟人的风采。"

4. 形式大气新颖，协调精致

展览在形式设计上，无论是展板、展柜的选择，还是色彩的处理、灯光的运用、建筑的用材等，均可谓精致考究，别具匠心。

构思寓意深刻。展览以不同手法展现，如3个展厅面积由小到大、地面由粗糙到平细、光线由弱到强、颜色由单一到多彩、展线由短到长、文物图片数量由少到多，综合隐喻小平同志不懈奋斗、走向辉煌的人生历程，并在独立展柜、平面横柜、落地通柜内新增照明系统，优化文物托架设计和纸质文物固定方式，提升观展效果。

色彩丰富和谐。陈列馆以柏坡黄与灰色的墙面、蜂珍黑色的地面和浅灰色屋顶组成展览的空间。大红色昭示展览的起始与单元的划分。汉白玉色的广阔大海、青色的巍峨山峰、青铜色的邓小平铜像，共同撑起序厅的恢宏气势。艳丽的颜色不失沉稳，厚重的色调凝聚饱和。整个展览丰富的色彩组成和谐的交响曲，与简朴的建筑交相辉映。

质材精美讲究。展览采用了高级防火展板、不锈钢和超白玻璃展柜、丝网印说明牌、优质专业灯具、上等花岗岩石材地面和复合

"党的十一届三中全会召开现场"复原场景

"兴建成渝铁路"场景

　　铅板展顶，不仅保证了展览质量，也增强了展览标准、整齐、简洁的视觉效果。

　　场景逼真感人。为烘托气氛，增强历史真实感，展厅内复原了6个场景："决胜千里"、"兴建成渝铁路"、"文化大革命"中邓小平在江西省新建县（今江西省南昌市新建区）拖拉机修造厂劳动时使用的钳工台、邓小平检阅部队时乘坐的红旗牌轿车、党的十一届三中全会召开现场、"南方谈话"，其不仅与相应部分的内容相结合，也与展厅的文物、图片等融为一体。如"兴建成渝铁路"场景充分利用现有建筑空间，将隧道场景与多媒体相结合，通过多媒体互动设计来增强观众的参与感和吸引力；钳工台场景旁边的竖柜里摆放着邓小平在江西劳动时穿的工作服，横柜里为邓小平小女儿邓榕1984年在《人民日报》上发表的回忆文章《在江西的日子里》，上面有邓小平的批语："看了，写得真实。"报纸旁边并附有一张邓小平写批语时的照片。紧挨着的多媒体触摸屏，可以选看家人对邓小平那段生活的回忆。"决胜千里""党的十一届三中全会召开现场"场景设置移至展墙，融入到展览展线中，提供更多样化的功能和服务，吸引更多人流和关注，确保展览项目在视觉和体验上都能达到最佳效果。"南方谈话"场景利用展墙形成夹角，设置裸眼3D展示，以其独特的视觉效果激发观众的好奇心和探索欲，提升展览的科技感和时尚感。这些复原的场景，给人以身临其境之感，使观众深感伟人又回到了我们身边。

科技含量殊显。强势的高科技手段，使展览充满着时代感和现代气息。整个展览所用的历史照片经数字技术分析处理，显得从

"南方谈话"裸眼3D展示

未有过的清晰，设置重点文物二维码 67 处。另外，在展览相应位置安设的多媒体触摸屏，极大拓展了陈列的信息量。投影仪循环播映着巨幅历史画面，给观众强烈的视觉冲击力。特别是设置了"邓小平早期革命路线""对外开放"两处多媒体互动区域，观众可在参与中更直接、更生动、更亲切、更真实地了解邓小平。

人文关怀深蕴。展览无论是文物图片尺寸的大小、文字的疏密、展柜的高矮，还是服务设施，都蕴含着人文关怀的理念。如根据一般观众视线的高度，展板上方的照片偏大、下方的文物略小或较精致。平柜适合人们近距离观看文物资料。在展室、回廊及展厅出口回廊设置了供观众休息的条凳。

数字电影补充陈列内容。电影厅位于陈列馆左侧，建筑面积 336 平方米，可容纳 128 人观看电影，同时满足宣讲、会议、演出等多功能使用，充分利用现有建筑结构，将电影厅投影幕布改造提升为 P3.91 影院的专业 LED 屏，辅以同步外语解说系统和用于残障人士的完全无障碍辅助系统，具有超大银幕、高清晰画面、超强的视听震撼，以及肢体、听力、视力障碍和外籍人士完全无障碍感受等突出优点。

电影厅放映的从不同角度展示邓小平音容风采、思想功绩和生活情趣的 3 部影片《风采篇》《史诗篇》《情趣篇》，是从中央新闻纪录电影制片厂保存的党和国家领导人活动的纪录片中精心挑选、剪裁编辑并配以平实或飞扬的文字解说，沉稳或抒情、欢快、激昂的音乐制作出来的，给人以强烈的震撼，成为陈列内容的有益补充。

二、邓小平缅怀馆

2014年邓小平同志诞辰110周年之际，经中共中央办公厅、国务院办公厅批准新建了邓小平缅怀馆，2014年8月18日正式开馆。2024年，按照博物馆"十年一大改"的惯例对展陈进行了全新升级改造。

邓小平缅怀馆

邓小平缅怀馆第一展厅"品格风范"

邓小平缅怀馆总建筑面积 4016 平方米，其中展厅面积 2019 平方米，由序厅、陈列展厅、场景复原厅、缅怀厅、手迹厅等组成。《小平您好》是该馆的基本陈列。

邓小平缅怀馆遵循展览语言和艺术，兼顾内涵诠释与视觉冲击力，围绕展览主题展出邓小平相关展品 294 件、图片 197 幅，是邓小平故居陈列馆基本陈列《我是中国人民的儿子》的延续和补充，让人们进一步走近邓小平，深入了解他的品格风范、他的生活情趣、他的精神世界。

邓小平缅怀馆第一展厅

（一）展览内容主要特色

1.展览主题明确

邓小平缅怀馆定位为展示邓小平崇高鲜明又独具魅力的品格风范，突出展示邓小平作为伟大的马克思主义者和久经考验的共产党员初心本色，复原了邓小平生前工作和生活的场景。第一展厅根据习近平总书记在纪念邓小平同志诞辰110周年、120周年座谈会上的重要讲话精神，从信念坚定的崇高品格、热爱人民的伟大情怀、实事求是的理论品质、开拓创新的政治勇气、高瞻远瞩的战略思维、坦荡无私的博大胸襟等6个方面进行展示。第二展厅则主要展示邓小平的兴趣爱好、生活情趣。

展览以群雕"老乡同庚"为序，呈现邓小平与人民群众相亲相融的温馨画面。

第一部分"品格风范"，通过文物、图片、油画、手迹、场景及中外人士的评价等，诠释邓小平崇高鲜明又独具魅力的革命风范。

第二部分"生活情趣"，通过文物组团、场景复原、媒体辅助、智慧互动等，展现邓小平的平民情怀、兴趣爱好和浓郁亲情。

第三部分按照1∶1的比例复原了邓小平北京故居局部，包括会议室、办公室和卧室，让观众了解邓小平办公和日常生活的情况。

第四部分"海阔天高"，以藤椅、蓝天、大海和邓小平经典语录为元素，营造"人民之子"在大海中永生的意境，引发人们对

邓小平缅怀馆第一展厅

邓小平的无限缅怀之情。

2. 文物资料翔实

邓小平缅怀馆展出的有关邓小平实物资料类别丰富、品质上乘，部分文物、照片、文献都是首次公开展示。展览以大量弥足珍贵的历史照片、档案资料、艺术创作等，还原历史真实，强化了展览内容。如第一展厅醒目位置展示的《小平您好》巨幅油画，鲜活立体直切展览主题，冲击观众心灵。

原件文物多数为邓小平亲属及身边工作人员捐赠。如 1976 年 4 月邓小平第三次被打倒后住在东交民巷期间，写给夫人卓琳的字条，各界人士和国际友人寄给邓小平的贺卡，韩国前总统金大中书写的中文书法，德国前总理科尔赠送给邓小平的"足球集锦"录像带，邓小平用过的公文包、握力器，1981 年邓小平视察新疆时维吾尔族群众赠送的小花帽，邓小平获得的"运筹与健康"老同志桥牌赛冠军奖杯，邓小平孙辈为庆贺爷爷 90 岁生日制作的手工艺品"千纸鹤"和"纸粽子"，覆盖邓小平骨灰盒的党旗，邓小平手书家训"戒懒""善学者其如海"，等等。

大量的文献档案资料使展览内容充实、丰富，极富历史感和说服力。如 1978 年 9 月邓小平就《情况汇编》反映国庆节游园活动浪费资金一事作出的批示，1981 年 11 月 20 日邓小平在反映苏州风景区环境遭受严重破坏的来信上的批示，1986 年 3 月 5 日邓小平在王大珩、王淦昌、杨嘉墀、陈芳允 4 位科学家来信《关于跟踪研究外国战略性高技术发展的建议》上的批示，1992 年 3 月 26 日《深圳特区报》刊发的《东方风来满眼春——邓小平同志在深圳纪实》，等等。

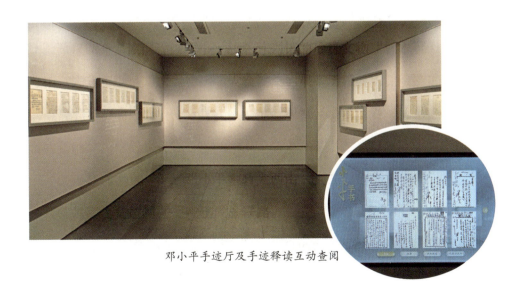

邓小平手迹厅及手迹释读互动查阅

"邓小平夫妇卧室"复原场景

手迹厅中展出的大量邓小平手迹，包括邓小平批示、题词、手稿、代起草文件等，用艺术化装裱展示并辅助多媒体查询释读内容，建立观众与展览、观众与小平精神世界的联系，让参观者倍感亲切。如1954年2月6日，邓小平起草的在党的七届四中全会上的发言要点；1958年3月21日，邓小平起草的《关于国防工作的意见》；1978年8月10日，邓小平关于南开大学准备破格录取人才一事的批示；等等。

3. 复原场景逼真

为烘托气氛，增强历史真实感，展厅内复原了"视察专列""邓小平北京故居的餐厅""会客室""邓小平夫妇卧室"等见证了邓小平为成功开辟中国特色社会主义道路所作出的伟大决策、伴随他度过了人生最后 20 年辉煌岁月的场景。而"庭院四季"还原邓小平北京故居庭院样貌，通过设置撒花瓣、做体操等沉浸式互动，循环播放"邓小平与卓琳 58 载岁月"视频，引领观众走进伟人生活。尾厅用投影互动实现蒲公英飘散的灵动观感，并配合邓小平语录展示，升华了展览主题。这些场景无不记述着他伟大与平凡的点点滴滴。

（二）展陈设计特色

邓小平缅怀馆在展览风格和表现手法上取得了重大突破，展

邓小平缅怀馆第二展厅"生活情趣"

陈内容和手段独具匠心。在构成要素上，展览采用照片、文物、批示、题词、邓小平的经典语录、相关人物的回忆录和知名人士的评价等，各种元素有机结合、相互呼应，让文物和各个组成元素高度吻合，使内容更全面、更丰富，更具真实感和吸引力。在展览语言运用上，呈现中国诗画中写意、留白的意境。如缅怀厅，

邓小平缅怀馆"海阔天高"缅怀厅

根据邓小平从大海乘船出发走上革命道路，最后又将骨灰撒入大海的人生经历，撷取大海为基本元素，以不断送现改革开放成就的画面和邓小平朴实感人的话语，如"国家发展了，我当一个富裕国家的公民就行了""我想活到1997年，到香港我们自己的土地上走一走、看一看"等来表现他对祖国和人民深沉的热爱，营

造观众和邓小平之间心灵对话这一意境，达到了"此处无声胜有声"的效果。

整个展览的点睛之笔在于缅怀厅"海阔天高"的设计。缅怀厅投影幕布升级为P1.25高精度LED屏，电影播放更清晰、更流畅、更细腻。在400平方米的展厅里，56个烛台式的圆凳放置中央，按照邓小平逝世当晚北京星象排布设计的光纤星空闪烁头顶，宽30米、高10米的巨幅环形银幕里海浪拍打着礁石、沙滩，邓小平经典语录牵引着改革开放的巨变一幕幕呈现，邓小平仿佛正坐在银幕前的藤椅上，引领着中华民族复兴之轮扬起浩浩风帆，乘风破浪，奋勇前行。

邓小平缅怀馆第二展厅

在邓小平缅怀馆展览尾厅设有互动留言台和"文物带回家"个性明信片互动制作，让观众可看、可及、可表达。

展览无论展板、展柜选用，还是色彩处理、灯光运用、场景设置等，均精致考究。邓小平缅怀馆以洞石墙面、黑仿古面石材地面和浅灰色屋顶组成展览的空间。白铜色的群雕，黄铜色的

《华蓥山高》《渠江水长》浮雕，汉白玉色的《黄河奇观》《长江胜景》石刻，浓墨重彩的历史题材油画，共同撑起展馆的恢宏气势。艳丽的颜色不失沉稳，厚重的色调凝聚饱和。整个展览将丰富的色彩、和谐的交响曲、简朴含蓄的建筑融为一体。

整个展览突出以物叙事、以物抒情，设计风格更加亲切温馨，改陈后内容更全面、更丰富、更具恢宏感和吸引力，实现了数字化传播技术和空间展示利用的高效融合，大大增强了展览传播效应，得到社会各界广泛认可和赞誉。

三、展研中心

展研中心是为完善邓小平故居陈列馆功能需要建设的多功能场馆，由文物库房、展厅及相关辅助设施组成。

第一展厅为基本陈列"邓小平廉政思想与实践"特别展，面积约 227 平方米，展览贯穿邓小平廉政思想这条主线，围绕邓小平幼年启蒙、异国求学、革命战争、忍辱负重、开创伟业等 5 个重要时间线进行多样化、多形式设计，重点展示邓小平艰苦朴素、清正廉洁的高尚品格，表现了邓小平对党的廉政思想的阐释和他的高尚情怀，引导广大党员干部学习邓小平百折不挠、勤政廉政的品质，教育广大党员干部进一步牢固树立宗旨意识，自觉把思想和行动统一

"邓小平廉政思想与实践"特别展

到党中央的方针政策和决策部署上来，积极投身社会主义现代化建设的伟大实践，为实现第二个百年奋斗目标，推进中国式现代化凝聚精神动力。

第二、第三展厅为临时展厅，用于举办各类临时性展览。

四、邓小平铜像

2001 年，中共中央批准在邓小平故里塑立邓小平铜像。邓小平铜像由时任清华大学美术学院教授李象群创作。2004年8月13日，胡锦涛同志亲自为铜像揭幕。铜像高2.5米、宽1.8米、重1.2吨，基座采用黑金砂石材，长6米、宽4.5米、高0.8米，正前方镌刻着江泽民同志题写的"邓小平铜像"5个大字。铜像以邓小平1980年回四川视察时的形象为素材创作。邓小平身穿短袖衬衫、军便裤和圆口布鞋，面带微笑地安坐于藤椅上，仿佛抖落一身风尘回归故里，亲切地注视着家乡的山山水水，注视着家乡的发展变化，注视着他始终挚爱的祖国和人民，给人一种"回家"的感觉。邓小平铜像广场三面山脊环绕，四周绿草茵茵、古树参天，既庄严肃穆、又亲切自然。

邓小平铜像广场

五、邓小平同志故居

　　邓小平同志故居是一座具有浓郁川东风情的农家三合院，粉墙黛瓦、翠竹环抱，当地老百姓亲切地称之为"邓家老院子"，1904年8月22日，邓小平就诞生在这里。

　　故居坐东朝西，由邓小平祖上三代人陆续建造。最早修建的是位于北面的北厢房，清同治年间由邓小平曾祖父邓心泰修建，

邓小平同志故居

迄今已有150多年历史了。位于东面的正房是邓小平祖父邓克达修建的，而南面的南厢房则是邓小平父亲邓绍昌在邓小平离开家乡以后修建的。整个院子占地面积833.4平方米，建筑面积620余平方米，共有房屋17间。1951年，邓小平将继母接到重庆以后，将老屋房产全部交地方政府分给乡亲们居住。故居曾用作村民住房、公共食堂、文化站、幼儿园、保管室，也正因这些用途才得以在经历了"文化大革命"那动荡岁月后完好地保存下来。1998年2月19日，江泽民同志亲笔题写"邓小平同志故居"匾名。2001年，国务院公布邓小平同志故居为全国重点文物保护单位。

六、蚕房院子

蚕房院子距邓小平同志故居约500米，建于清朝末年，是邓小平远房亲戚、革命烈士邓绍圣和家人的住房，坐西朝东，悬山式木结构，小青瓦屋面，木柱石基，一楼一底，平面呈"L"型布局，占地面积近800平方米，是川东养蚕作坊的代表性民居建筑。民国初年，邓绍圣的哥哥邓绍明与邓小平的父亲邓绍昌等人在这里开办了栽桑、养蚕、缫丝一条龙生产的家庭手工作坊。少年邓小平常在此养蚕、劳动。当年，这里房前屋后栽桑，正房住人，厢房养

蚕房院子展厅

蚕，房后煮茧、缫丝。2013 年，国务院公布其为全国重点文物保护单位。2024 年，经国家文物局批准对其进行陈列布展。

七、翰林院子

翰林院子始建于清代乾隆年间，是邓小平先祖邓时敏回乡侍母居住的旧宅，坐西向东，是一座很气派的双四合院，共有大小房屋

36 间，由朝门、厅堂、
戏楼和厢房等组成，占
地面积 2219 平方米。邓
时敏是清朝翰林院编修，
官至大理寺正卿，为正
三品，乾隆十六年，皇
帝加封其为通奉大夫，
升为从二品。因此，当
地人称他"邓翰林"，
称他的旧居为翰林院子。
邓时敏无子嗣，去世后
族人公议将翰林院子辟
为义塾，为邓家培养光

翰林院子

宗耀祖之才。1909—1910 年，邓小平在此启蒙读书接受私塾教育，
私塾先生将其原名邓先圣改为邓希贤。2013 年，国务院公布其为
全国重点文物保护单位。

八、北山小学堂

北山小学堂位于广安市广安区协兴镇老街，占地面积 500 余平

邓小平读书教室复原场景

方米。清朝末年，废科举办新学之风吹遍全国，此学堂由邓小平的父亲邓绍昌与当地开明绅士创办，为协兴场第一所新式初级小学堂。1910—1915年，少年邓小平在这里接受新式教育，度过了他难忘的童年时光，开启了他人生启航的崭新梦想，点亮了他探寻知识与真理的未来之光，孕育了他救国救民的理想和追求。2006年，国务院公布其为全国重点文物保护单位。2024年，经国家文物局批准对其进行陈列布展。

文物故事

一、信念坚定

故事 1：一张工卡

　　邓小平故居陈列馆有一件外框纵 37 厘米、横 25.2 厘米，表心纵 21 厘米、横 11 厘米的工卡，虽然工卡的颜色有些泛黄，但我们仍然可以清楚地看到"姓名：邓希贤，年龄：16 岁，工种：轧钢工，日薪：6 法郎 60 生丁"等基本信息。这是邓小平留法勤工俭学时亲自填写的，它记录着邓小平同志第一次踏入工厂做工的不凡经历，也见证了他留法勤工俭学寻梦的难忘旅程。

　　1919 年秋，邓小平考入重庆留法勤工俭学预备学校。当时，中国社会正处在大动荡、大变革中，内忧外患日益加剧。推翻了千年封建帝制的辛亥革命，特别是发生在邓小平家乡四川的保路运动和爆发于北京的五四运动，对邓小平的人生产生了重要影响。邓小平参加了抵制日货、声援五四运动的活动。

　　1920 年夏，年仅 16 岁的邓小平和邓绍圣、胡伦等 80 多名同学在重庆留法勤工俭学预备学校毕业后，沿长江东下出川前往上海，乘坐法国邮轮"盎特莱蓬"号远渡重洋，赴法国勤工俭学。当时的上海《申报》这样报道："四川华法教育会，送来赴法勤工俭学会学生八十三名，已于星期一到沪，由该生领袖吴宥三、袁文庆、王舆昔三君，挈同全体，寓名利大旅社，昨由法领发给护照，于今日上午十一时，由黄埔码头乘（盎特莱蓬）邮船赴法，其中有自费生三十余人，均由四川重庆商会会长汪云松津贴该生赴法，外有湖南学生曾镇岳，江苏女生张近瑄、吴佩如、郑碧芋等，本所并派代表陈为人往送云。"

1920 年 10 月 19 日，邓小平等 80 余名中国青年

施奈德钢铁厂登记卡

到达法国南部重要港口城市马赛，他们中有的穿着西式服装，有的穿着美式服装，头戴宽边帽，脚穿尖皮鞋，显得彬彬有礼、温文尔雅。后来他们又来到法国巴黎，不久，在华法教育会的帮助下，邓小平进入诺曼底的巴耶中学。1921 年 3 月，邓小平因交不起学费，不得不放弃学业，被迫离开这所学校。从进入巴耶中学到离开，邓小平只在此学习了近 5 个月。俭学不成，只好走勤工的路。17 岁的邓小平为了填饱肚子，开始四处寻找工作，此时的法国，

刚刚经历了第一次世界大战，经济十分萧条，大批的复员军人返乡使得法国国内失业率上升，这些中国留学生毫无优势，就业格外困难，留法学生面临失学、失业和饥饿的困境。1921年2月，在留法学生中爆发了"反饥饿运动"。那年，有60多名中国人饿死、冻死在异国他乡。离家时的踌躇满志、旅途中的憧憬、求学的期望在这一刻全部化为了泡影。1921年4月2日，失学后的邓小平几经周折，经华法教育会介绍，邓小平和邓绍圣等几名四川学生在克鲁梭市施奈德钢铁厂找到了工作，邓小平进入施奈德钢铁厂第一天便填写了这张工卡。邓小平在施奈德钢铁厂只待了20多天，在厂里当轧钢工。之后，又先后进入哈金森橡胶厂和雷诺汽车厂工作。从此开始了他在法国长达4年多的勤工俭学生活。

1985年8月，邓小平会见法国外长迪马时说："中国共产党的第一批创始人中有相当数量的人在法国受过教育，这包括社会知识的教育。我曾在法国呆过五年半，在工厂做工近四年。我同工人关系很好，但你们的资本家也教训了我，使我和我们这批人受到教育，走上了共产主义道路，信仰马列主义。"

1997年5月，时任法国总统希拉克访华时送给江泽民一件国礼，这就是"邓小平1921年留法勤工俭学时期的工卡"（复制件），并说是新发现的首张邓小平留法时填写的材料。江泽民把这张工卡送给了卓琳。在邓小平同志诞辰100周年纪念日到来之前，卓琳又把它作为中法两国友好交往的历史证物赠送给邓小平故居陈列馆展出。

故事 2：大反攻形势图

当人们驻足于颜色泛黄的"关内人民解放军大反攻形势图"前的时候，陈旧的老式作战地图似乎突然间变得生动起来，那方寸之间的彩色地形图标和名称、方向坚定果敢的大大小小的箭头符号，似乎也颤动起来、鲜活起来。这份大反攻形势图正面为关内人民解放军反攻形势图，背面是东北民主联军发布的通讯。纵 25.6 厘米，横 22 厘米。在人们关注的眼神里瞬间幻化成了一个战火纷飞、硝烟弥漫的现代战场，人们也在刹那间仿佛听到了解放战争年代的那一声声冲锋的号角，亲眼看见了我们生龙活虎、勇敢顽强的解放军战士。那震撼人心的声声呐喊，以及那沸腾的热血……

1947 年 6 月 30 日这一天，以刘邓大军强渡黄河为标志，人民解放军发起了战略进攻。

自 1946 年 6 月蒋介石发动全面内战以来，人民解放军经过一年的作战，整个战争形势发生了重大变化。国民党军队总兵力由内战初的 430 万人下降为 373 万人，人民解放军则由 130 万人发展到 195 万人，其中，解放军的机动兵力多于国民党军。解放军的装备也得到了很大的改善。

敌我力量的变化，使得人民解放军由内线作战转入外线作战，由战略防御转变为战略进攻的条件已经成熟。中共中央和中央军委及时作出了战略进攻方针和主要进攻方向：刘伯承、邓小平率领晋

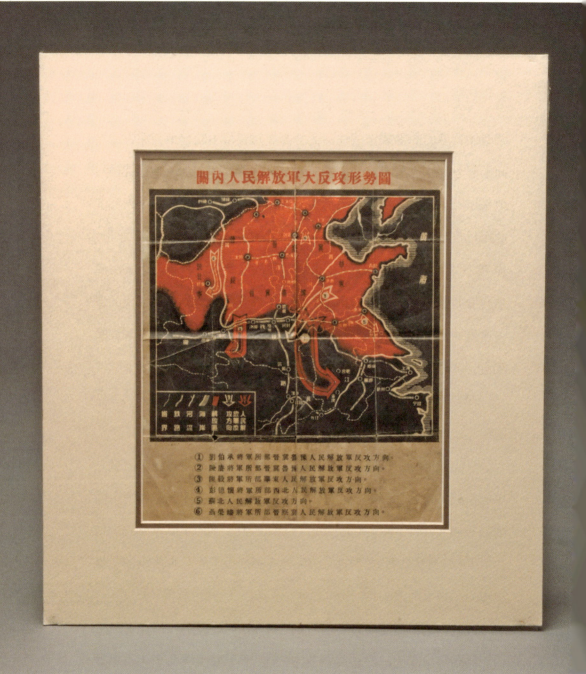

解放战争时期关内人民解放军大反攻形势图

冀鲁豫野战军主力千里跃进大别山；陈赓、谢富治率晋冀鲁豫野战军太岳兵团挺进豫西；陈毅、粟裕率华东野战军转战苏鲁豫皖地区。三路大军突破国民党军队的包围圈后，展开外线机动作战。在黄河以南、长江以北，西起汉水、东至海边的广大中原地区向国民党军队发起战略反攻。

1947 年 6 月 30 日夜，刘伯承、邓小平遵照中央军委"晋冀鲁豫野战军主力中央突破、南渡黄河，直趋大别山"的战略方针，率领晋冀鲁豫野战军主力 12 万大军，从山东阳谷以东 150 余公里的 8 个地段上强渡黄河，一举突破国民党军的黄河防线，拉开了战略进攻的序幕。

解放军渡过黄河之后，蒋介石慌忙调集兵力，企图逼迫刘邓野战军北退或者背水一战。7 月，刘邓大军发起鲁西南战役，经过 28 天激战，歼灭敌 4 个师部、9 个半旅共 5.6 万余人。接着，部队长驱南征，从国民党数十万军队的包围当中杀出一条血路，经过 20 多天的行军和战斗，在 8 月底胜利到达大别山区，完成了千里跃进的壮举。

刘邓大军进入大别山，正像一把尖刀插入敌占区，从此解放战争的战场转移到敌占区，中共拟定了几年内通过几场大的战役歼灭国民党有生力量，并解放全中国的战略目标。随后著名的三大战役就开始了。

如果刘邓大军没有挺进大别山或者晚进大别山，那解放军的三大战役就没办法展开，解放军可能还要不断地应付国民党的"围剿"，不断地被动防御。所以，刘邓大军挺进大别山战略意义重大。正如在挺进过程中，为了加快行军速度需要将很多辎重破坏丢弃，部分解放军战士出现思想波动时刘伯承所说，我们就算是空着手走进大别山那也是胜利。所以挺进大别山的意义不在于歼灭了多少敌人，而在于它是使解放战争的格局发生变化的关键一举。

故事 3：一件工作服

邓小平故居陈列馆里，有件邓小平在江西省新建县拖拉机修造厂劳动时穿过的工作服，记录了邓小平在"非常岁月"中的故事。

1969 年 10 月 29 日，江西省新建县望城乡拖拉机修配厂新来了两位特殊的工人。他们就是被林彪签署下达的所谓"一号命令"，"战遣疏散"来江西的邓小平、卓琳夫妇。

新建县拖拉机修造厂，离他们居住的步兵学校只约 1 公里，是一个修理农机配件的小厂，全厂约有 80 人。北京的人和省里的人来到厂里勘察后，省里通知厂革委会主任兼党支部书记罗朋：邓小平夫妇要来这个厂监督劳动。省里交代，要绝对保证邓小平夫妇的人身安全，不许发生围观揪斗，有事直接向省革委会保卫组报告。至于称呼，既不能叫同志，也不要直呼其名，就叫老邓。老邓年纪大了，活儿也不要太重，派些力所能及的活儿即可。

罗朋在抗日战争时期曾是邓小平领导下的冀鲁豫军区的一名

邓小平在江西穿过的工作服

干部，在太行山曾多次听当时的政委邓小平作报告，所以，说起邓小平，他一点儿也不陌生。新中国成立后，罗朋曾在北京公安部任副局级干部，1959 年反右倾时因"犯错误"被下放到江西，"文化大革命"后辗转到了这个小小的县级厂子。邓小平要到他的这个厂里监督劳动，对于他来说，不只是没想到，简直是惊愕不已。虽然此时的邓小平是"全国第二号最大的走资派"，但作为老部下，罗朋对邓小平还是有感情的。接到指示后，罗朋在厂里迅速召开支部会，在全厂做了布置，并专门安排了一间小屋，准备给邓小平夫妇休息。

到工厂上班的那天，邓小平和卓琳身着工厂统一的工装，从大灰木门上的一扇小门中跨出小院，走上了步兵学校红色的沙石路。听着沙石踩在脚下咯吱咯吱作响，看着周围满眼的苍翠碧绿，周围的景物，每一样都是那样的新鲜。自"文化大革命"爆发以来，这是他们第一次出来，第一次"自由自在"地走出来，去"上班"，去和世人接触。在禁锢了3年之后，这种感觉，无异于解放，无异于新生。

新建县拖拉机修造厂同当时不少工厂一样，是按部队的连、排编制，一个车间就是一个排。车间负责人陶瑞缙是排长，是个厚道和气、直爽心细的老工人。邓小平在他的车间里干活，他很欢迎，真心诚意地欢迎。在朴实的陶排长看来，不管什么"走资派"，来厂里干活，就和大家一样。厂里工人们的想法也和陶排长一样，老邓年纪大了，放把椅子，他累了可以坐坐。老卓身体不好，能干多少就干多少吧。

安排老邓干什么活呢？这可是费了陶排长的一番心思。一开始，他想让老邓干点轻活儿，就分配他用汽油洗一些零件。但是老邓年纪大了手抖，拿不住东西，而且弯腰也困难。洗东西不行，陶排长又想安排老邓干点看图纸的轻活儿。结果老邓眼睛老花了，看不清楚。最后，还是邓小平自己提出，想干一点出力气的活。陶排长问老邓，用锉刀锉点零件怎么样？老邓立刻表示同意。钳工工作台在车间的一角，上面放着钳工工具。老邓看见后很高兴，拿起锉刀便开始干活。陶排长一看，老邓完全不像一个新手。他哪里知道，早在40多年前，老邓在法国勤工俭学时，就在雷诺汽车厂里干过钳工，虽时隔已久，但他对这门手艺并不陌生。当听到陶排长意外的赞叹时，老邓笑了笑。他对卓琳说了一句玩笑话："我在法国学到的本事现在派上了用场。"

邓小平 65 岁来到这里工作，68 岁离开，他和工人们一起度过了三年零四个月的劳动时光。肩负重轭，这位 65 岁的老人却把与工人一起劳动当成一种乐趣，也因此和工人们结下了深厚的友谊。工人们担心邓小平的身体，在他的工作台旁放了一把椅子，同在一个车间劳动的卓琳曾劝邓小平在椅子上坐一坐，休息一下。邓小平则回答说："我怕我坐下去，就起不来了。"邓小平的性格中有一个显著的特点就是认真负责、精益求精，不论做什么事情，他都会按质按量完成。此时的邓小平，并未将工厂的劳动看作一项可以简单应付的事，所以他总是全力以赴，认真对待。

在江西那段特殊的岁月里，邓小平从未放弃过希望，没有停止过学习，更没有停止过思索。他差不多每天都去工厂参加劳动，下午和晚上的时间主要用来读书，而且"每天读至深夜"。这一段经历给邓小平留下了深刻的印象。劳动服中的一件蓝布衬衣是邓小平在拖拉机修配厂的工作服，经多次换洗，已有一定程度的磨损，它见证了邓小平回到劳动中，置身于人民中的过程，见证了邓小平政治生涯"三落三起"中第二次被打倒和第二次复出的过程，同时也见证了年近古稀的邓小平全面系统并且长达 3 年的读书生活。正是在边读书边思考的岁月里，邓小平对"什么是社会主义、怎样建设社会主义"的思路更明确，信念更执着，意志更坚定。

故事 4：一张字条

1976 年 4 月 5 日，天安门广场发生悼念周恩来总理、反对"四人帮"、拥护以邓小平同志为代表的党的正确领导的群众运动，"四人帮"乘机诬陷，邓小平被再一次撤销党内外一切职务。此时，邓小平及其全家陷入危难之中。为了避免被冲击和抓走，毛泽东指示汪东兴把邓小平转移到东交民巷。

在东交民巷 17 号内，邓小平和卓琳再次被禁锢起来，这次禁锢，既带有保护性质，也是政治性的处理措施。在与子女完全音讯隔绝的状态下，两位老人相依为命。虽然身处逆境，但邓小平尽量保持每日起居规律，用心灵上的镇定对待枯燥的禁锢生活。"批邓"的浪潮一天高过一天，翻开报纸打开收音机，统统是"批邓"的叫嚣。对于这些不断升级的"批判"聒噪，邓小平坦然应对，完全不予理会。

然而，不久，卓琳的眼病复发了，她按照以前的方法买药自己治疗，病情不但没有好转，反而越来越厉害了，医生说，如果不及时治疗，她的眼睛可能会失明。经安排，卓琳住进了 301 医院的外科病房。卓琳住院后，东交民巷只剩邓小平一人，对于邓小平来说，政治上的大风大浪不算什么，最难以忍受的就是孤独，实在没事可做，邓小平就拿出扑克牌自己玩。

卓琳住院期间，每时每刻无不惦记、担心着"老爷子"，而两

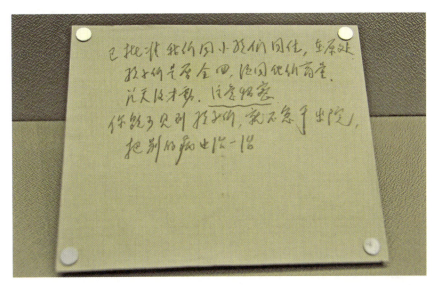

邓小平写给家人的字条

位饱受磨难的老人唯一能交流的方式便是写小纸条，他们通过熟悉的字体和简短的语句温暖着彼此牵挂的心。

只有和家人在一起，才是最安全的。6月10日，邓小平给汪东兴写信报转毛泽东并中央："我到这里来住，两个月零几天了。近一个月，卓琳眼病严重，住了医院。她在医院终日住在一个小房间内，除医护人员外，不敢同任何人接触，也没有亲人去看她。这种状况如能改变，对疗效极有好处。所以，我们急切地提出同孩子们同住，或者首先允许他们来看望我们的要求。"次日，毛泽东口头指示，可以同意。得到消息后，邓小平迫不及待地提笔给卓琳留言："已批准我们同小孩们同住，在原处。孩子们是否全回，须同他们商量……"6月30日，卓琳出院后心情急切地回到东交民巷，看到邓小平一切照旧，甚感欣慰。这时，他们接到通知，经毛泽东批准，他们可以搬回宽街和家人团聚。

2014 年，为纪念邓小平同志诞辰 110 周年，我们特地从中央档案馆复制该份手稿用于邓小平缅怀馆陈列布展，它不仅是邓小平政治生涯第三落的见证，同时也表现了邓小平浓浓的亲情。

二、战略思维

故事 1：“中美建交纪念”瓷盘

这是一只具有浓郁中国特色的圆形瓷盘，站在瓷盘前，赫然映入人们眼帘的是一只伏在青松之上的憨态可掬的大熊猫正与一只嘴里衔着橄榄枝的山鹰脉脉对视，象征着中国与美国的友谊万古长青，瓷盘的左上方刻有“中美建交纪念”“一九七九年元月”等字样。这是美国客人汉森访华时赠给邓小平的。

邓小平说，中美关系正处在一个新的起点，世界形势也正经历着新的转折。中美两国是伟大的国家，中美两国人民是伟大的人民。两国人民的友好合作，必将对世界形势的发展产生积极的、深远的影响。

1978 年 5 月 21 日，时任国务院副总理邓小平会见美国总统国家安全事务助理兹比格涅夫·布热津斯基博士。布热津斯基此

美国客人汉森访华时赠给邓小平的"中美建交纪念"瓷盘

次访华是与中方商谈中美正式建交事宜。布热津斯基向邓小平表示，美国政府认为美中关系在其全球政策中，具有中心的重要性。美国下决心同中国实现关系正常化，愿意接受中国提出的建交三原则。中国对此作出了积极的反应。中美双方于 7 月初在北京开始举行关系正常化谈判。经过半年 6 次会谈，双方达成协议。

1978 年 12 月 16 日，中美两国政府同时发表了《中华人民共和国和美利坚合众国关于建立外交关系的联合公报》。美国政府在联合公报中接受中国提出的建交三原则：同台湾断交、撤出军队和设施、废除美蒋条约。两国从 1979 年 1 月 1 日起正式建立外交关系，这是两国关系中具有历史意义的重大转折，中美关系从此进入了一个新阶段。

1979年1月28日至2月5日（美国时间），时任国务院副总理邓小平应美国总统吉米·卡特的邀请对美国进行正式友好访问。这是中华人民共和国成立后中国领导人第一次访美。

　　邓小平和夫人卓琳出席了卡特夫妇在白宫南草坪举行的欢迎仪式。卡特在欢迎词中说："今天开始了有历史意义的我们两国关系的正常化。""这种正常化能带动我们一同走向一个多样化的和平的世界。"邓小平致答词说："中美关系正处在一个新的起点，世界形势也正在经历新的转折。""两国关系正常化的意义远远超出两国的范围……这对于促进太平洋地区和世界的和平，无疑将是一个重要因素。"

　　1月28日，邓小平在卡特陪同下检阅仪仗队。这一天，中华人民共和国的五星红旗第一次在白宫旗杆上与美国星条旗并排飘扬，中华人民共和国国歌第一次与美国国歌一起在白宫上空回响。

　　1月29日，卡特为欢迎邓小平访美举行国宴。宴会厅装饰着特地从卡特总统故乡——佐治亚州运来的1500株红色和粉红色的山茶花。乐队演奏中美两国民间乐曲。卡特在祝酒词中说："在争取自由的革命中诞生的美国是一个只有200年独立历史的年轻国家，但我们的宪法是世界上最古老的并仍在继续生效的成文宪法。有4000年文字记载历史的中国文明是世界上最古老的文化之一，但是作为一个现代国家，中国还是很年轻的。我们能互相学到许多东西。"邓小平在祝酒词中表示："我们两国曾在30年间处于相互隔绝和对立的状态，现在这种不正常的局面终于过去了。"

在此次访问期间，邓小平同卡特就中美关系，尤其是台湾问题以及国际形势交换了看法。中美双方签署了科技合作协定、文化协定及建立领事关系和互设总领事馆的协议。双方还同意不久将签订航空和海运协定，开展互派留学生、互派常驻记者等合作事项。

1月30日，邓小平在华盛顿应邀出席美国众议院举行的欢迎会。邓小平在会见参议院多数党领袖伯德和众议院议长奥尼尔等人时说，台湾回归祖国后，我们将尊重那里的现实和现行制度。台湾当局可继续管理其军队，还可保持同美国和其他国家的商业等非官方关系。我们力争用和平方式解决台湾问题，但是我们不能承担不用武力解决台湾问题的义务。

1月31日，费城坦普尔大学在华盛顿的布莱尔大厅举行仪式，授予邓小平"名誉法学博士"学位。

在这样的背景下，可以说是小盘子见证了大事件，它默默地记载了中美建交的史实。如今，这只珍贵的瓷盘正静静地摆在邓小平缅怀馆的展厅里，每天都在接受着数不胜数的观众目光的洗礼，并不断地向人们诉说着一个不变的主题：自强、和平。

故事 2：牛仔帽、牛仔靴

为了巩固和发展中美友谊，解决台湾问题，寻求经济技术合作，1979年1月28日至2月5日（美国时间），时任国务院副总理邓小平应卡特总统的邀请，对美国进行正式友好访问，此时距中

邓小平的牛仔帽

美两国正式建交还不到一个月。这是中国国家领导人第一次访问美国，也是邓小平第三次复出后的首次出访。1979 年 1 月 28 日，邓小平登上中国民航波音 707-2406 专机，从北京起飞，经停上海，取道安克雷奇，抵达美国首都华盛顿，总距离 14343 公里，计划飞行 16 个小时。然而天公不作美，这次具有历史意义的飞行从北京起飞开始就很不顺利，碰到了诸多复杂天气——上海的大雾、安克雷奇的中雪、华盛顿的大风、休斯敦的低云阴雨。真是好事多磨！也许"老天爷"知道邓小平善于在各种不利的条件下与对手进行较量，有意给他出了一系列的难题。最后尽管飞行组竭尽全力，抵达华盛顿安德鲁斯空军基地的时间仍比预定时间推迟了 1 小时 30 分钟。

美国方面非常热情，卡特总统专门派美国驻华联络处主任伍德科克和夫人在安克雷奇迎接中国贵宾，一同前往华盛顿。

　　一架尾翼上印有醒目的五星红旗标志的中国民航波音 707 专机在华盛顿安德鲁斯空军基地徐徐降落，美国副总统蒙代尔和夫人、国务卿万斯和夫人等亲临机场迎接邓小平副总理和夫人卓琳一行。

　　经过一昼夜的长途飞行，邓小平走下舷梯时，依然神采奕奕。他身着深灰色大衣，没戴帽子，顶着凛冽的寒风，面带笑容地走下舷梯同蒙代尔副总统和夫人、万斯国务卿和夫人等一一握手，向前来欢迎的人群频频挥手致意。机场上，400 多名欢迎群众冒着刺骨的寒风，手中挥动着中美两国的小国旗，热情迎接中国政府代表团。全美华人协会的一条用中文书写的红色横幅格外醒目——"热烈欢迎邓小平副总理访问美国"。

　　2 月 2 日晚间，在美国得克萨斯州休斯敦的骑术表演场，当邓小平一行到达的时候，人们全体起立，掌声和欢呼声交织在一起。两位女骑士策马来到邓小平和方毅面前，把两顶乳白色的骑士帽献给了他们。邓小平和方毅接受了这一礼物，

邓小平的牛仔靴

立即戴在头上，并同大家一起鼓掌。随后他们又频频挥动骑士帽，向欢腾的人群致意。邓小平欣然戴上那顶大牛仔帽，给美国人留下了美好的印象，当时大家都以为他不会戴那顶帽子。邓小平的举止，使美国人了解到，中国人不是美国人所认为的那样僵硬，那样不可接近，而是很有人情味，同时美国友人还送给邓小平一双印有中美两国国旗的黑色牛仔靴。

邓小平是第一位访问美国的中国领导人，他的举止风度、个人魅力，尤其是他的直率，赢得了美国人的信任。他去得克萨斯州，戴上牛仔帽，吃烧烤。他"入乡随俗"，改变了美国人对中国领导人和中国的传统看法，给美国人民留下非常好的印象，这是他在外交战略上取得成功的一个具体体现。

故事 3：一件军装

1981 年 9 月，中国人民解放军在中国华北某地举行了具有重要历史意义的华北军事演习。这次演习是新中国成立以来我军规模最大的一次军事演习，是我军第一次以集团军模式进行的战略性战役演习，也是邓小平同年 6 月出任中央军委主席后抓的第一件大事。邓小平在亲自领导和指挥演习的过程中，第一次明确提出"必须把我军建设成为一支强大的现代化、正规化的革命军队"的总目标。这标志着新时期中国军队建设在根本方向上实现了拨乱反正，标志着邓小平新时期军队建设思想基本形成。当时前来检阅的

邓小平在华北检阅军事演习时穿过的军装

邓小平穿过的军装完好地保存了下来，成为邓小平军队建设思想的重要见证。

20世纪70年代末80年代初，国际政治、军事局势和国内形势的发展正处在一个重要的历史转折时期，特别是党的十一届三中全会已作出了把党的工作重心从"以阶级斗争为纲"转移到"以经济建设为中心"的重大战略决策，国家建设和社会发展呈现一派勃勃生机。但是，在军队建设一系列重大战略问题上的拨乱反正任务还没有完成，难以适应新形势新任务的要求。历史的发展，把新时期建设一支什么样的军队、怎样建设军队，未来打什么样的仗、怎样打仗的问题，十分尖锐而严峻地摆在了全党全军面前，迫切需要作出科学的回答。

邓小平要求，要把一支威武之师、文明之师"摆一摆给大家看、给人民看"。邓小平主张在演习过程中搞阅兵式、分列式，并通过它提高军队正规化训练水平，塑造军队威武、文明的良好形象，增进人民对军队的信赖和爱戴，提升军队的社会威望，让人民军队忠于党、忠于国家、忠于社会主义、忠于人民的性质和本色，生动具体地展示出来。实践表明，这一重大决策，极大地促进了参演部队的正规化训练，增进了军政、军民和军队内部的团结，极大地提高了军队在人民群众心目中的威望和声誉。

1981年9月14日至18日，5天的实兵演习，以积极防御战略方针为指导，"模拟敌军集群坦克进攻""空降与反空降""陆军师坚固阵地防御""战役预备队反突击"，4个演练科目环环相扣，把强势防御、坚守防御这一积极防御方针的要义充分演示了出来。9月19日上午举行了盛大的阅兵式。阅兵仪式结束后，邓小平代表党中央、中央军委发表了重要讲话。他在充分肯定这次演习取得圆满成功后明确提出："我军是人民民主专政的坚强柱石，肩负着保卫社会主义祖国、保卫四化建设的光荣使命。因此，必须把我军建设成为一支强大的现代化、正规化的革命军队。"由此确立了新时期中国军队建设的总目标。

华北军事演习把部队正规化建设作为重点，为我军从严治军的优良传统注入了新的时代内容。正规化是邓小平提出的新时期军队建设总目标的基本构成要素。华北军事演习中一条十分珍贵的经验，就是始终把加强部队正规化建设作为大事摆上重要议事日程，从严格落实条令条例和规章制度要求，到规范学习、训练和生活秩序，从每个官兵的军容风纪，到部队的内务卫生和周边环境，始终坚持做到从严治军、狠抓养成，从而在整个演习的过程中充分展示部队训练有素、作风优良、纪律严明、秩序井然的良好形象。同时，部队官兵从实际出发，创造性地开展了"军民共建"活动，使"文明村""文明户"遍布演习驻地，既赢得了人民群众的广泛赞誉和衷心爱戴，也为演习取得圆满成功提供了坚实的群众基础和社会保障。实践证明，革命化、现代化和正规化是紧密联系的一个有机整体。正规化，是实现革命化和现代化必不可少的重要条件和保证，又是革命化和现代化重要的外在表现方式。没有正规化，就难以实现革命化和现代化。

1981 年秋的这次合成演习，是在邓小平复出后我国首次举行的大规模军事演习。演习涉及步兵、装甲部队、空降兵部队，空军歼击机、强击机、轰炸机部队以及炮兵等各兵种，规模之大，前所未有。

故事 4：一件中山装

1982 年 9 月 22 日，一架英国皇家空军飞机载着英国首相撒切尔夫人及她的丈夫和一大批政府官员外加 16 名记者抵达北京。

撒切尔夫人是继丘吉尔后英国政界的又一铁腕人物，人称"铁娘子"，在处理国际事务中一向以强硬著称。香港问题从何谈起，她心中早有腹稿。熟悉背景的人还知道，"铁娘子"此次来是挟着英阿马尔维纳斯群岛战役胜利的余威来华讨论香港问题的。来华前

邓小平穿过的中山装

她就先声夺人，声明"有关香港的三个条约仍然有效"。这架势等于摊牌，肯定会谈出新闻来的。

中国方面对会谈做了精心安排。首先由政府总理出面，正式通知英方，中国决定于 1997 年正式收回香港主权，同时阐明收回后将实行特殊政策以继续保持香港的繁荣。但"铁娘子"继续坚持她的"三条约有效论"，提出如果中国同意英国 1997 年后继续管治香港，英国可以考虑中国提出的主权要求。

对中方来说，这是一次很有必要的"火力侦察"。1982 年 9 月 24 日上午，邓小平和撒切尔夫人——中英谈判的两名主角在北京人民大会堂福建厅登场亮相了。中方的主帅是邓小平，毛泽东曾称他为"钢铁公司"；英方的主帅是撒切尔夫人，号称"铁娘子"。用美国总统乔治·布什的话说："在会见外国领导人时，邓小平有一种把握强硬和灵活间最佳比例的高超才能。"

这一天，"铁娘子"身着蓝底红点丝质西装套裙，脚蹬黑色高跟皮鞋，手挽黑色手袋，颈项上戴一串项链，显得雍容华贵、气度不凡。她被告知先在人民大会堂新疆厅与邓颖超叙谈片刻，然后再前往隔邻的福建厅与邓小平会谈。

奇怪的是，"铁娘子"从新疆厅那一头走向福建厅，走了一半还不见邓小平的人影。福建厅大门紧闭，与刚才邓颖超老早就在门外伫立恭候的情形恰恰相反。记者们注意到，女首相此时虽然脚下款款，但面带难色，心存疑惑：怎么还不见主人出来迎接？

主人心里有数，他没有早早恭迎女首相，但也不会冷落远方的客人。就在"铁娘子"疑惑地走到离大门 20 来步时，门忽然打开，邓小平笑着走出来，上前五六步与客人握手问好。

终于见到了邓小平，"铁娘子"说："我作为现任首相访华，看到你很高兴。"不料，邓小平却说："是呀，英国的首相我认识好几个，但我认识的现在都下台了。欢迎你来呀！"

寒暄过后，转入正题。会见时，邓小平就香港前途问题与撒切尔夫人交换意见，全面阐述中国政府对香港问题的基本立场。他指出：我们对香港问题的基本立场是明确的。这里主要有 3 个问题，一个是主权问题；再一个是 1997 年后中国采取什么方式来管理香港，继续保持香港繁荣；第三个是中英两国政府要妥善商谈如何使香港从现在到 1997 年的 15 年中不出现大的波动。他强调：主权问题不是一个可以讨论的问题。中国在这个问题上没有回旋的余地。1997年中国将收回香港，不仅是新界，而且包括香港岛、九龙。否则，任何一个中国领导人和政府都不能向中国人民交代，甚至也不能向世界人民交代。如果不收回就意味着中国政府是晚清政府，中国领导人是李鸿章！不迟于一两年时间，中国就要正式宣布收回香港这个决策。中国的这个决策，从大的方面来讲，对英国也是有利的，因为这意味着届时英国将彻底结束殖民统治时代。中英两国应该合作，共同来处理好香港问题。保持香港的繁荣，我们希望取得英国的合作，但这不是说，香港继续保持繁荣必须在英国的管辖之下才能实现。香港继续保持繁荣，根本上取决于中国收回香港后，在中国管辖之下，实行适合于香港的政策。香港现行的政治、经济制度，甚至大部分法律都可以保留，当然，有些要加以改革。香港仍将实行资本主义，现行的许多适合的制度要保持。在撒切尔夫人提出有人说一旦中国宣布1997年要收回香港，香港就有可能发生波动时，邓小平指出：我的看法是小波动不可避免，如果中英两国抱着合作的态度来解决这个问题，就能避免大的波动。中国政府在作出这个决策的时候，各种可能都估计到了。如果在15年的过渡时期内香港发生严重的波动，中国政府将被迫对收回香港的时间和方式另作考虑。如果说宣布要收回香港就会像撒切尔夫人说的"带来灾难性的影响"，那我们要勇敢地面对这个灾难并作出决策。我相信我们会制定出收回香港后应该实行的、能为各方面所接受的政策。我不担心这一点。我担心的是今后15年过渡时期如何过渡好，担心在这个时期中会出现很大的混乱，而且这些混乱是人为的。这当中不光有外国人，也有中国人，而主要的是英国人。制造混乱是很容易的，我们进行磋商就是要解决这个问题。邓小平建议双方达成这样一个协议，即双方同意通过外交途径开始进行香港问题的磋商。撒切尔夫人同意邓小平的建议。尽管这次会谈并不轻松，正如外电评述：撒切尔夫人是锋芒毕露，邓小平是绵里藏针；不过解决香港问题的调子就按照邓小平提出的"三个问题"定下来了。会谈结束后，撒切尔夫人从门口走出，脸色凝重。当她走到人民大会堂前倒数第二级石阶时，高跟鞋不小心绊到石阶上，身体顿时失去平衡，栽倒在石阶地上，连皮鞋和手袋也被摔到一边。幸亏她摔到平地上，摔得不重，随行人员连忙把她扶起。

邓小平会见撒切尔夫人时穿过的浅灰色中山装，见证了这个历史事实。

三、坦荡无私

故事 1：两份题字

说起萃屏公园和凉滩电站，是四川广安人再熟悉不过的地名，它们不仅是广安经济发展变迁的浓缩，同时也凝聚着邓小平对家乡的关注和殷切希望。1982 年 12 月 25 日和 1984 年 8 月 30 日，邓小平分别题写了两幅秀丽遒劲的题字——"萃屏公园"和"凉滩电站"，这是邓小平为广安留下的仅有的墨宝，它们饱含着邓小平对故土的拳拳眷恋之情，如今的萃屏公园小桥流水、青山叠翠、清新怡人，而凉滩电站年发电 1 亿多千瓦时，利用率名列全国前茅。

邓小平曾说："我是中国人民的儿子，我深情地爱着我的祖国和人民。"邓小平把自己的一生全部奉献给了他深爱的祖国和人民，在他宽阔的胸襟中，可爱的故土是祖国 960 多万平方公里的中华大地，挚爱的亲人是 13 亿多华夏儿女。尽管邓小平离开故乡 78 年没有回来过一次，然而，在他的心底，还是深藏着一块令他魂牵梦萦的热土，这就是他的家乡——四川广安。

乡音依旧，乡情犹浓。邓小平在阔别故乡 78 年的漫长岁月里，无论在什么地方、什么场合，都讲一口地地道道的广安话，特别是晚年的邓小平每当出现在公共场合，伴随在他身边的小女儿邓榕就会十分默契地对外界"翻译"父亲的广安话。在日常饮食上，邓小平一直保持着家乡的口味和习惯。他喜欢在许多菜中放些辣椒，谈起家乡的麻婆豆腐、米酒、豆瓣酱，更是津津乐道。说起家乡的水果，邓小平一辈子都不能忘记白市柚，他老年时还回忆说，只有家乡的白市柚才最好吃。

邓小平的思乡之情，主要体现在对家乡的建设、对人民生活的关心上。1986 年初春，邓小平在成都接见了广安县委、县政府负

邓小平为家乡的题字

责同志，小平同志十分高兴，饶有风趣地说："好啊，今天终于见到我的'父母官'了！"在询问了家乡的建设发展情况后，他语重心长地说："你们年轻，有文化，有希望，一定要把广安建设好！"

78年的岁月，78年的思念。曾经多次回到过四川的邓小平最终还是没能踏进家乡的大门，但邓小平每时每刻都惦记着家乡的发展和父老乡亲们，他寄语家乡人民"一定要把广安建设好"的嘱托，永远是广安发展的不竭动力。

故事2：出席证和笔记本

1987年10月25日至11月1日，中国共产党第十三次全国代表大会在北京召开，邓小平主持了大会的开幕式，这也是邓小平最后一次主持党的全国代表大会的开幕式，这一份出席证和笔记本见证了这段历史，因为就是在这次大会上他辞去了中央政治局委员、常委和中央顾问委员会主任的职务，在他退休的道路上迈出了重要的一步。

邓小平参加中国共产党第十三次全国代表大会的出席证

退休，是邓小平多年来的心愿，他为此做了很多努力。早在
1977 年，他在重新恢复领导职务之时，就提出了干几年便退下来
的要求。1975 年 2 月，身患重病的周恩来给毛泽东呈上一份请示
报告。报告建议：邓小平"主管外事，在周恩来总理治病疗养期
间代表总理主持会议和呈批主要文件"。毛泽东批准了这个报告。
在毛泽东的支持下，邓小平实际上开始主持中央日常工作。这年，
邓小平 71 岁。这一举措像一把尖刀插在了急于抢班夺权的"四人
帮"心上。急红了眼的王洪文跑到上海肆无忌惮地叫喊："10 年后
再看。"这年，王洪文刚满 40 岁。王洪文的话传到中南海。在 71
岁与 40 岁的比较中，邓小平显得格外清醒。他找到李先念等老同
志交换对王洪文这句话的看法，说："10 年之后，我们这些人变成

什么样子？从年龄上说，我们斗不过他们啊！"几位老革命家从王洪文的话中觉察到党和国家面临一场潜在的危机，那就是：老一辈革命家大都年事已高，一旦撒手人寰，谁来接班？如果这个问题解决不好，让"四人帮"或"四人帮"派系的人执掌党和国家的大权，那我们的党、我们的民族将继续遭受灾难。从此，接班人的问题就一直深深地刻在邓小平的脑海之中，一刻也没有忘记过。

"文化大革命"结束后，伴随着拨乱反正和大规模平反冤假错案工作的展开，新中国成立以来因历次运动遭受迫害的干部纷纷走上各级领导岗位。从反右运动到"文化大革命"结束持续了20年，原来的年轻人早已进入中年，中年人也变成了老年人。面对着改革开放和四个现代化建设事业的繁重使命，一方面，干部队伍严重老化，力不从心；另一方面，因无位子，年轻干部又上不来。邓小平敏锐地认识到，顺利完成新老干部交替是从组织上保证改革开放政策的连续性和国家长治久安的重大战略措施，新老交替的关键是要解决老同志占着位子的问题，而相当多的老干部又不愿交班。中共中央顾问委员会就是以邓小平同志为代表的中国共产党人在特殊的历史条件下，为解决干部系统吐故纳新、新老交替而创造的一个过渡性的组织形式。邓小平清醒地看到，顾问制度只是一个出路，要真正解决问题不能只靠顾问制度，重要的是要建立退休制度。

从1980年起，邓小平即开始做退休的准备工作，这一年8月他辞去了国务院副总理的职务。1981年，华国锋辞职时，党内外一致要求邓小平出任党中央主席，甚至连一些外国领导人也通过各种渠道表达了此种愿望。邓小平力排众议，推荐年轻的同志主持党和国家领导工作。1982年1月13日，邓小平在中央政治局会议上谈到要老同志让路，让中青年干部上来接班的问题时，把它比喻为"一场革命"，并疾呼：这场"革命"不搞，让老人、病人挡住比较年轻、有干劲、有能力的人的路，不只是四个现代化没有希望，甚至于要涉及亡党亡国的问题。1982年9月6日，在中国共产党第十二次全国代表大会上，通过了新的《中国共产党章程》，明确中央顾问委员会是中央委员会政治上的助手和参谋。党的十二大上，邓小平出任过渡形式的中央顾问委员会主任。会上，邓小平说，中央顾问委员会是个新东西，是根据中国共产党实际成立的，是解决党的中央领导机构新老交替的一种组织形式。目的是使中央委员会年轻化，同时让老同志退出一线后继续发挥一定的作用。在1983年6月全国政协六届一次会议上，邓小平又辞去了全国政协主席的职务。

1987年党的十三大召开前，邓小平、陈云、李先念等人共同约定"一齐退下来，而且是一退到底。即退出中央委员会，不再担任任何职务。彭真、邓颖超、徐向前、聂荣臻也要求'全退'"。后来，经过中央政治局反复讨论，并征求多方意见，决定邓小平、陈云、李先念三人"半退"，即退出党的中央委员会，但仍担任一定职务——邓小平担任中央军委主席，陈云担任中顾委主任，李先念担任全国政协主席；彭真、邓颖超、徐向前、聂荣臻四人"全退"，即退出党的中央委员会，不再担任任何职务。在中国共产党第十三次全国代表大会上，在三老"半退"、四老"全退"的带动下，中央和各省、市、自治区又有一批老干部退出第一线的领导岗位，增选为中顾委委员和各省、市、自治区的顾问委员会委员，一批年轻干部走上了一线领导岗位。

1989 年 9 月 4 日，邓小平在会见江泽民等中央领导同志时再次提出要"全退"，并希望退休的方式要简化。也就在这一天他向政治局递交了请求退休的报告，要求实现"全退"。这封不足 700 字的辞职信，字里行间无不体现着这位老党员、老公民对党、对国家、对人民的赤诚之心。邓小平终于说服了中央政治局常委，中央政治局决定，将邓小平退休问题提交党的十三届五中全会讨论。

1989 年 11 月 9 日，北京瑞雪纷飞，人民大会堂却暖流涌动。下午 3 时，党的十三届五中全会通过表决，接受了邓小平辞去中央军委主席职务的请求。夜幕降临，喧闹了一天的京城趋于平静。在邓小平家中，灯火通明，笑语不断。晚饭的时间到了，4 个孙子、孙女跑着跳着来到邓小平身边请他去吃饭，还送给他一张他们自己赶制的贺卡。邓小平打开一看，贺卡的 4 个角上别着 4 个蝴蝶结，代表他们自己，中间画了一颗红心，代表孩子们的心愿。贺卡上边还端端正正地写有一行童体字："愿爷爷永远和我们一样年轻！"在家人的簇拥下，邓小平来到餐厅。墙壁上，一排鲜红的大字映入眼帘："1922——1989——永远！"邓小平理解了家人的心意，脸上浮现微笑。

从在"文化大革命"中就敏锐地觉察到建立退休制度对我们党

和国家长治久安的重要意义，到在党的十三大召开前的"半退"，再到党的十三届五中全会上实现"全退"，这位改革开放的总设计师以高风亮节的博大情怀，身体力行废除领导干部职务终身制，为后世作出了表率！

故事 3：一张捐款收据

在邓小平缅怀馆珍藏着一张宝贵的收据，那就是"中国青少年发展基金会开具的邓小平捐款收据"，上面写着捐款日期为 1997 年 8 月 23 日。这张收据现在默默地向人们讲述着邓小平对教育的重视、对青少年的关心。

邓小平曾说，"教育是一个民族最根本的事业"。他带领党和人民开辟了社会主义现代化建设新局面，他提出科学技术是第一生产力，提倡尊重知识、尊重人才，推动教育、科学文化事业发展。早在 1961 年邓小平就主持起草了《教育部直属高等学校暂行工作条例（草案）》（又称《高教六十条》），在起草报告的过程中，邓小平指出提高教育水平是促进科技进步的条件，而科技进步是经济迅速发展的条件。1977 年邓小平复出主持中央工作，就自告奋勇抓科技和教育工作，他提出为了教育事业愿意当后勤部部长。1977 年，在他的推动和决策下，恢复了中断 11 年的大学招生考试制度，全国约有 570 万青年报名参加了考试，改变了很多人的命运。恢复高考培养了一大批承前启后的人才，让他们成为社会主义现代化建设的中坚力量。

　　1983 年 10 月 1 日，邓小平为北京景山学校题词："教育要面向现代化，面向世界，面向未来"。1985 年 5 月，全国教育工作会议在北京召开，讨论部署教育体制改革的措施，为繁荣和发展教育事业献计献策，共商大计。会议闭幕那天，邓小平出席并发表讲话，按照惯例，会议结束后，中央领导要与会议代表合影。而邓小平提出这次不合影了，把钱省下来办教育，因此大会只进行了短短 18 分钟。

　　邓小平积极支持社会各方面为教育募集资金。1987 年，王震到各部委为中国小学幼儿教师奖励募集资金，当他找邓小平表态时，邓小平爽快地答道："王胡子要钱，应给，他是为人民办好事。"在中国的一些贫困地区，许多学龄少儿因为家境贫困，不能入学或中途辍学，为了让失学的孩子都能重返校园，1989 年 3 月

中国青少年发展基金会开具的邓小平捐款收据

8日，中国青少年发展基金会宣告成立，同年10月，团中央、中国青少年发展基金会启动了旨在救助贫困地区失学儿童的公益基金——"希望工程"。1990年9月5日，邓小平欣然为"希望工程"题词。邓小平对希望工程的支持不仅表现在这次题词上，更表现在他退休后两次以"一位老共产党员"的名义为希望工程捐款。

邓小平十分关心下一代的成长。第一次捐款是在1992年6月10日，据当时的工作人员张培明回忆，当时两位身穿白衬衣的年轻人来到中国青少年发展基金会接待室，拿出3000元给张培明。张培明说："感谢你们为希望工程捐款，按照规定，每个捐款者都要留下自己的姓名。"说着便将一张收据拿给他们签名。他们两个互相看了看，却迟迟不肯签名，在张培明的一再坚持下，他们才留下了"一位老共产党员"的名字。这两个年轻人离开时，坚决拒绝张培明跟到门外。张培明认为其中有些蹊跷，于是他请同事甘东宇悄悄跟随，记下了两个人的车牌号。之后，这两位年轻人又一次来到这里，捐了2000元，留下的依然是"一位老共产党员"的名字。而这些钱后来救助了邓小平早年战斗过的广西百色地区的十几名失学孩子。中国青少年发展基金会宣传干事王汝鹏后来回忆说，如果当时没有留个心眼儿，可能这件事就永远不会被公众知道了。他们通过多方求证，最后才知道那辆车是邓小平的生活用车。王汝鹏说，邓小平捐款的事公开后，中国青少年发展基金会接受捐款的数额和笔数急剧增加。当时党和国家领导人几乎都派人送来了捐款，而民间的捐款数额和笔数也显著增加。他们曾专门组织了 15 位同志从早到晚负责录入捐款人的信息，甚至向附近部队求助才保证了工作的顺利进行。而在此之前的 1992 年 4 月，邓小平为希望工程的题词在《人民日报》发表后，也曾引起国人对希望工程的极大关注。对此，王汝鹏感慨地说：那段时间是希望工程接受捐款最多的时候。

"一位老共产党员"的名义体现的是信仰，体现的是担当，体现的是情怀。邓小平逝世后，1997 年 8 月 23 日，卓琳代邓小平再次以"一位老共产党员"的名字向中国青少年发展基金会捐款 7600 元，中国青少年发展基金会于当日开具了这份电脑打印的捐款凭证。邓小平曾讲过："孩子是未来，是希望"，"希望工程"改变了无数人的命运和未来。而这张珍贵的收据就饱含着邓小平对孩子们的殷切关怀，对国家的一片深情，对人民的无限赤诚。

四、卓越非凡

故事 1：一枚放大镜

邓小平曾经这样说道：我是一个军人，我的职业是打仗。我 25 岁领导了广西百色起义，建立了红七军。从那时开始干军事这一行，一直到解放战争结束。

邓小平用过的放大镜

　　在战火纷飞的岁月里，邓小平在祖国的秀丽山河里留下了他矫健的身影和匆匆的脚步。邓小平有很多曾经随身用过的物品见证了他光辉灿烂的戎马生涯，但是，绝大多数的物品都随着时光的流逝和环境的变迁而流散于全国各地。而在邓小平故居陈列馆有一件邓小平在战争年代用过的物品——放大镜，它是邓小平指挥作战查阅军事地图时经常使用的工具，见证了那段战火硝烟的峥嵘岁月。

　　抗战胜利后，国民党反动派挑起内战，中国面临两种命运、两种前途的抉择。时任晋冀鲁豫军区政治委员、中共中央中原局书记的邓小平同刘伯承一起率12万大军，千里跃进大别山，揭开了人民解放战争全国性战略进攻的序幕。

　　1948年10月11日，党中央审定了《淮海战役作战计划》，指示中野和华野两大野战军协同作战，执行淮海战役计划。

邓小平到达徐州西南的临涣集时，中野一、三、四、九纵队主力也集中在此。一天，他把4个纵队的首长杨勇、陈锡联、陈赓、秦基伟请到了自己的驻地，召开了作战会议。邓小平言简意赅地讲："以徐州为中心的淮海战场，一直是国民党军的主战场。徐州是南京的大门，津浦线是它的生命线。切断徐、蚌线，占领宿县，可以北拒徐州，堵住徐州之敌南逃的后路；南阻蚌埠，斩断南线敌人北援之交通；制止孙元良兵团东援，夹住黄维兵团北上，黄百韬兵团只有束手待歼，敌人号称80万众便陷于我军的战略包围之中，敌人便会不战自乱。"大家目不转睛地看着邓小平。他稍稍提高了声音，说："为了这个目的，在淮海战场上，只要歼灭了敌人南线主力，中野就是打光了，全国各路解放军还可以取得全国胜利，这个代价是值得的！"大家深知邓小平这番话的分量，也决心奋力一战。

鉴于淮海战役规模日益扩大，为了统筹协调中野、华野两大野战军配合作战，中央决定成立淮海战役总前委。第二天，毛泽东为中央军委起草了电文，指出：中原、华东两军必须准备在现在地区作战3个月至5个月（包括休整时间在内），吃饭的人数连同俘虏在内将达80万左右，必须由你们会同华东局、苏北工委、中原局、豫皖苏分局、冀鲁豫区党委统筹解决。望从这个观点出发，统筹一切。统筹的领导，由刘、陈、邓、粟、谭五同志组成一个总前委，可能时开五人会议讨论重要问题，经常由刘、陈、邓三人为常委临机处置一切，邓小平为总前委书记。以邓小平为首的总前委，是淮海战役的最高领导决策机构。

1949年1月6日至10日，华东野战军对被包围的杜聿明集团发起总攻，经过4天战斗，全歼邱清泉、李弥两个兵团共30万人，俘获杜聿明，击毙邱清泉，李弥逃脱。这次战役，我军参战部队60万人，敌军先后出动兵力80万人，历时66天，共歼敌55.5万余人，使蒋介石在南线战场的精锐部队被消灭干净。毛泽东后来对邓小平等人说：淮海战役打得好，好比一锅夹生饭，还没有煮熟，硬被你们一口一口地吃下去了。

这枚放大镜见证了淮海战役那段辉煌的历史。后来，放大镜的一角损坏了，工作人员又为邓小平配了个新的，这枚破损的放大镜就由邓小平的警卫秘书张宝忠珍藏。邓小平故居陈列馆建馆时，他毅然捐了出来。如今，这枚曾经被战火硝烟洗礼的放大镜就静静地摆在邓小平故居陈列馆的展柜里。

故事2：红旗牌检阅车

在邓小平故居陈列馆展示厅里，一个复原场景格外引人注目，那里的文物吸引着观众驻足观赏——邓小平在华北检阅军事演习部队时乘坐过的红旗牌轿车。该车长590厘米、宽195厘米、高160厘米，重3.5吨，手工制作，1979年出厂，无级变速，总计行程105公里。

　　1981 年 6 月 28 日，邓小平在党的十一届六中全会上当选为中央军事委员会主席。同年 9 月 14 日至 18 日，中国人民解放军北京军区和空军部队在华北某地举行了一次现代条件下的军事演习。演习前，总参谋部和北京军区的筹划者们颇为踌躇，搞大一点，可以展示军威，演示出现代战争的特性来，但又顾虑到经费问题——演习是要花钱的，可现在军费减了又减，哪里去弄钱呢？于是他们拟定了 3 套方案：一是集团军规模，二是方面军规模，三是师级规模。然后呈报中央军委，让军委去定夺。方案送上才 4 天时间，邓小平就把总参谋长杨得志和副总参谋长张震找去商定最后方案。杨得志和张震心想：大、中、小 3 套方案已同时上呈，按中国思维的一般经验，最容易批下来的是居中方案。可是这回例外了，

邓小平乘坐的红旗牌检阅车

邓小平拍板定为集团军规模演习。经费开支用国防费外的特批专款，还可动用一些军中的储备物资。

当时，邓小平认为这笔钱一定要花，要搞就要搞好一点，把部队的气鼓一下，把军队训练得像个现代军队的样子。邓小平说："搞这样一次实战演习好处很多，我们的部队可得到实际锻炼，也可以看看部队训练的成果，又对军队有鼓舞作用，还能树立军队在人民中的好形象。"

参加这次演习的有炮兵、装甲兵、工程兵等技术兵种，还有空军航空兵和空降兵部队等，邓小平观看了演习。演习取得了圆满成功，邓小平很高兴。有人统计过他鼓掌的频率，平均10分钟一次。演习得到了国外的高度评价，东欧五国的武官参观后说："演习水平超过了东欧国家。"在演习结束后的庆功宴上，邓小平高高兴兴地干了10杯酒。

9月19日，演习结束后，举行了盛大阅兵式，邓小平乘着黑色红旗牌敞篷车检阅了参加演习的陆军、空军以及部分海军部队，并发表了《建设强大的现代化正规化的革命军队》的讲话。

进入20世纪80年代后，"和平与发展"成为这个时代的基调，世界各国军事力量建设的实际目标正在发生变化。针对这一变化，1981年9月19日，邓小平提出了"必须把我军建设成为一支强大的现代化、正规化的革命军队"的伟大目标，在这新时期建军思想的指引下，我军取得了可喜的进步。在之后的军队建设过程中，邓小平紧盯未来战争，开启了中国特色的精兵之路。

1984 年 10 月 1 日，北京举行盛大群众游行和阅兵式，隆重庆祝中华人民共和国成立 35 周年，邓小平与党政军领导人及各国贵宾出席了国庆大典。中国人民解放军陆海空三军 1.8 万余名指战员列成 18 个徒步方队和 24 个机械化方队，整齐地通过天安门广场。同时，117 架各式军用飞机准时掠过天安门广场上空。这次阅兵充分展示了中国人民解放军在现代化、正规化和革命化建设中取得的巨大成就，而这辆在华北大阅兵中使用的黑色红旗牌检阅车，作为副车紧紧跟随着邓小平，见证着中国军队发展的新历史。

故事 3：《双猫图》

在邓小平缅怀馆展出了一幅名为《双猫图》的国画，其画心纵 89.5 厘米、横 47.5 厘米，裱纵 189.8 厘米、横 72.6 厘米。这幅《双猫图》是 1984 年，被誉为"江南猫王"的著名画家陈莲涛赠送给邓小平的 80 岁生日礼物。

邓小平的"猫论"，起源于 1962 年 7 月 2 日。在中共中央书记处开会讨论"包产到户"问题时，邓小平认为，哪种生产形式能够比较快地恢复和发展农业生产，就应该采取哪种形式。为了阐明自己的观点，他还打了一个比喻："黄猫、黑猫只要捉住老鼠就是好猫。"

1962 年 7 月 7 日上午，邓小平接见了出席中国共产主义青年团三届七中全会的全体同志。他说："生产关系究竟以什么形式为

陈莲涛赠送给邓小平的《双猫图》

最好，恐怕要采取这样一种态度，就是哪种形式在哪个地方能够比较容易比较快地恢复和发展农业生产，就采取哪种形式；群众愿意采取哪种形式，就应该采取哪种形式，不合法的使它合法起来。这都是些初步意见，还没有作最后决定，以后可能不算数。刘伯承同志经常讲一句四川话：'黄猫、黑猫，只要捉住老鼠就是好猫。'这是说的打仗。我们之所以能够打败蒋介石，就是不讲老规矩，不按老路子打，一切看情况，打赢算数。现在要恢复农业生产，也要看情况，就是在生产关系上不能完全采取一种固定不变的形式，看用哪种形式能够调动群众的积极性就采用哪种形式……"

邓小平讲这些话的时候，我国国民经济三年困难时期还没有度过，用什么办法调动广大农民的生产积极性，把粮食和经济作物生产恢复起来，是亟待解决的紧迫问题。在这种情况下，某些地区出现了包产到户等形式，这些形式受到农民欢迎，生产也有恢复。邓小平有关这方面的讲话，可以看作今天农村改革的先声，薄一波曾经问邓小平，对"黄猫、黑猫"这个说法现在怎么看？邓小平回答："第一，我现在不收回；第二，我是针对当时的情况说的。"

1984 年，邓小平得知"江南猫王"仍健在，便托人捎信给陈莲涛向他致意。陈莲涛得知邓小平在百忙中还记着自己这样一个普普通通的老画师，心中久久不能平静。于是，他精心构思，一丝不苟，画了这幅《双猫图》，托人敬赠给邓小平。图中，一只猫毛色雪白，绒毛轻柔；另一只猫毛色乌黑，黑里透亮。两只猫一前一后，缓缓前进。那毛茸茸的身体，那炯炯有神的眼睛，十分惹人喜爱。图的右上方，是几行遒劲有力的题词："不管白猫黑猫，能捉老鼠就是好猫。"

这位自号"海石"的老画家，就是被人们誉为"江南猫王"的陈莲涛，时年 83 岁。为了仔细观察猫的形态、活动，陈莲涛四处搜寻，养了十几只品种各异的猫，家里简直成了猫的世界。他几乎终日与猫为伴，时时捕捉猫的跳跃、嬉戏动作。他胸中有猫，创作时便可随心所欲，淋漓尽致地刻画出猫的各种神态。难怪别人称赞：陈莲涛笔下的猫形神兼备，大有呼之欲出之势。新中国成立后，陈莲涛的作品在全国美展中多次展出，特别是他的猫，神态各异，惹人喜爱。陈毅、荣毅仁、梅兰芳等都很欣赏他的猫画，并收藏了他的作品。

邓小平的大女儿邓林也是画家，看到《双猫图》后爱不释手，向父亲索要这幅画，父亲当然不给，于是邓林托人请陈老再画一幅。海石老人欣然命笔，画了一只活灵活现、可意媚人的小花猫赠给她。

邓小平在世时，《双猫图》一直挂在家中的办公室里。"猫论"折射出的是邓小平实事求是、务实高效的品格风范，成为推动人们不屈不挠、敢闯敢试、踔厉奋发、勇毅前行的精神力量。

故事 4："长征四号"火箭模型

在邓小平故居陈列馆的展柜里，"长征四号"火箭模型十分引人注目。这是上海航天局送给邓小平的礼物，表达了中国航天人对邓小平的无限敬意与爱戴。

邓小平十分重视国家航天航空事业的发展，曾多次到国家航天航空基地视察，为这一事业的发展倾注了大量的心血。早在 1959 年 12 月 16 日，时任中共中央总书记的他在陈毅、李富春及上海市委书记陈丕显的陪同下，来到位于龙华的空军第十三号修理厂保密车间参观，视察了"探空五号"火箭的试制和总装情况。在这次视察中，当邓小平从上海机电设计院党委书记艾丁和总工程师王希季那里了解到"探空五号"火箭是在没有苏联专家的帮助下，完全靠自己研究出来的时候，他非常高兴地说："你们干得不错，搞得不错。"当他进一步得知上海机电设计院在 1960 年将要开发"探空七号"无控制气象火箭的时候，十分赞同地说："这样搞很好，可以多搞一些，多取得一些经验。"邓小平的赞同和鼓励给科研工作者克服当前面临的困难、完成科研攻关工作提供了无穷的力量。

改革开放以来，随着国家经济建设取得巨大成就，我国航天航空事业也步入了发展的春天。"长征三号"运载火箭、"长征四号"运载火箭、"风云一号"气象卫星相继研制成功，这些都标志着我国航天科研水平实现了一个新的跨越。1991 年 2 月 13 日，邓小平在

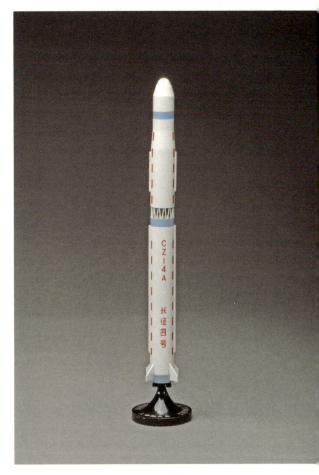

上海航天局赠送给邓小平的"长征四号"火箭模型

时隔 32 年后，第二次亲临上海航天基地视察。当基地工作人员得知邓小平要来视察时，大家都无比兴奋，觉得应给邓小平送一份礼物以表示航天人对他的爱戴之情。联想到邓小平第一次视察时的嘱托以及改革开放后我国航天事业取得的辉煌成就，大家决定送给邓小平"长征四号"火箭模型。

当天上午，邓小平健步来到上海航天基地，与迎候在那里的工

作人员亲切握手。他走到横卧的"长征四号"火箭合练弹前,关切地询问道:"长征四号是什么时候开始研制的?是固体发动机还是液体发动机?"副总设计师李相荣回答说,现在都用液体,作为战略导弹,都用固体。当得知从1978年开始研制的采用液体发动机的"长征四号"运载火箭,已经连续两次成功地发射气象卫星时,邓小平高兴地说:"万无一失啊。"陪同视察的杨尚昆问:"你们已经连续几次成功了?"上海航天局局长苏世堃说:"七五期间我们参与了七次发射任务,箭箭成功。"邓小平说:"箭箭成功,办到了,了不起,世界没有。"当汇报到周恩来对航天工作提出的"严肃认真、周到细致、稳妥可靠、万无一失"的方针指示时,邓小平语重心长地说:"你们还要继续坚持这种方针。"当汇报到在老一辈革命家的关怀决策下,上海的航天人努力完成了各项工作任务时,邓小平说,我参与了这些决策。我们这些决策主要是政治上的决策,具体的技术还要靠你们这些技术人员来实现。我们是务虚,实干还是靠你们,能否干好靠你们了。邓小平的一席话,使在场的同志深感老一辈无产阶级革命家和中央领导同志的关怀和信任,深感肩负的历史使命之重大。

随后邓小平又饶有兴趣地参观了"风云一号"气象卫星模型、军工产品及上海航天局研制的部分民用产品。短短55分钟的视察就要结束了,邓小平在签名册上郑重地写下了自己的名字,为上海航天人留下了宝贵的纪念。在与上海航天局党政领导和航天专家们合影之后,邓小平握住有突出贡献的国家级专家孙敬良总设计师的手说："感谢你们的工作。"就在邓小平即将离开之时，航天局的领导把早已准备好的"长征四号"运载火箭模型送到了邓小平面前，邓小平笑着说："我家里有许多这样的模型。"邓小平的女儿邓榕说："咱们家里没有这个模型。"于是邓小平笑着收下了这份礼物。这个模型后来一直放在邓小平办公室的书柜里。

五、热爱生活

故事 1：一件羊毛衫

邓小平在烽火连天的战争岁月，与并肩作战的许多同志结下了深厚的友谊。硝烟过后，这份战争年代结下的友谊更显珍贵，一件件简单的礼物更显出了这份友谊的质朴与纯洁。在邓小平故居陈列馆陈列的一件羊毛衫，就见证了邓小平与刘晓的一段友谊。

刘晓，湖南辰溪人，于 1926 年参加中国共产党。四一二反革命政变发生后，他不顾白色恐怖的危险，毅然投身于上海的地下工作。他与邓小平是在长征途中相识的。解放上海时，他领导的上海地下党紧密配合邓小平、陈毅率领的军队的正面进攻，与邓小平结下了深厚的战斗友谊。

上海战役是渡江战役的重要组成部分。南京解放后，解放上海

刘晓送给邓小平的羊毛衫

就成为工作重点。为此，邓小平、陈毅制订了周密的作战计划，其中重要一条就是充分发挥上海9000名地下党员的作用，动员人民群众护厂、护校，阻止国民党军特的破坏活动。时任上海地下党负责人的刘晓得到这一指示后，领导广大地下党员充分收集情报，同国民党军特展开了机智勇敢的斗争。1949年5月，邓小平、陈毅指挥部队向上海外围的敌人发起了进攻。经过激烈的战斗，将上海守敌压缩至吴淞口西侧地区。根据战场形势的变化，邓小平、陈毅命令部队向上海守敌发起了总攻。5月27日上海战役胜利结束，上海这颗东方明珠从此获得了新生。

邓小平、陈毅随即投入了恢复上海生产和经济生活的繁重工作中。有一天，刘晓到邓小平的办公室汇报工作，当他看到这位身经百战的指挥员穿着是那么简朴时，他感到一阵心酸，于是决定买一件衣服送给邓小平。在上海工作了那么久，刘晓对上海的服装市场甚为熟悉，不多久他就为邓小平挑选了一件羊绒开司米毛衣。当邓小平接到这件羊毛衫时，心里十分感动，他知道这不是一件普通的羊毛衫，它饱含着一个战友对自己的关心。新中国成立后，在繁忙的国务活动中，这件羊毛衫成了邓小平最常穿的衣服之一。他与刘晓的交往也更加密切，他们结下的友谊也更加深厚。

可是"文化大革命"的爆发打破了这一切。邓小平作为党内第二号"走资派"被打倒，并被囚禁于中南海的家中。刘晓在"文化大革命"爆发时正在国外担任大使，1967年也被召唤回国，受到了残酷的迫害。这样两位老朋友彼此都没有音信，但他们的心里都在牵挂着对方。对于邓小平来说，看到这件羊毛衫就仿佛看到了这位朋友，就仿佛又回到了他们并肩战斗的岁月。即便这件羊毛衫已经破了一个洞，邓小平还是不愿意把它丢掉。卓琳深知邓小平的心思，她决定把这件破旧的羊毛衫补好。于是她找来了一些颜色差不多的毛线，把粗线一根根破开，变成像开司米那样细细的线，然后用针穿上线，用织毛衣的方法进行织补。就这样一针一针地织，那么大的一块破洞，经她一补竟然和原物相差无几。如果不知道这件毛衣破过，一眼还看不出来是织补过的，邓小平又将它穿在身上，即使有了新毛衣也不肯换下来。

一件羊毛衫、一段深厚的友谊、一段难忘的痛苦岁月，这一切都将永远留在后人的记忆中……

故事 2：一条皮带

　　邓小平一辈子勤俭节约，对自己的生活用品从来没有特殊的要求，为了减少生活必需品的更换次数，他自创了不少法子对它们加以爱护，以延长使用时间。例如，我们用过毛巾后一般是拧干里面的水，而邓小平却是用手挤干里面的水。一次当他正在挤毛巾时，一个警卫员看见了，就感到很奇怪，于是问："首长，请问您怎么用手挤毛巾里的水呀？"邓小平微笑着看了他一眼说："小同志，这你就不懂了哟。用手拧是可以很快把里面的水拧干，但这样对毛巾的损坏就大咯，而挤干就不会怎么损坏毛巾。"邓小平不但爱护生活用品，有些东西他用过后，还会送给子女们继续使用。子女们

邓小平用过的皮带

长期受到他关于勤俭节约的教育，也不会觉得有什么不妥。邓小平的女儿邓林身上就有这样一个故事。

那是 2004 年 6 月，邓小平百年诞辰纪念日在即，邓小平故居陈列馆也即将对公众开放。为了进一步丰富馆藏，更全面地展示邓小平的风采，邓小平故里管理局再次向邓小平的亲属请求捐赠邓小平生前用过的东西。原中央文献研究室下派干部、时任中共广安市委副书记高屹带领邓小平故里管理局有关同志找到邓小平的大女儿邓林。高屹拿出邓小平登峨眉山的照片说："大姐，小平同志这件短袖衬衣能找到吗？"邓林很爽快地说："没问题，在我那里。"她又指着照片问："这皮带你们要吗？"高屹说："那最好。"邓林说："我腰上系的腰带就是老爷子用过的这条皮带。那时老爷子见我很胖，便把这根皮带给了我。你们需要就拿去吧。"说完，她"唰"地一下就从腰上把皮带取了下来，交到了高屹手上。接过皮带后，高屹打趣道："取掉皮带没问题吧？"邓林笑着摇头道："我这样胖，没问题，没问题！"听到这儿，在场的同志都笑了。但是笑声过后马上就是一片寂静，大家的目光都集中在了这条皮带上，大家感到了它沉甸甸的分量。正是系着这一条皮带，邓小平登上了峨眉山，同一位老阿婆亲切交谈，尽显一代伟人平易近人的风采。也正是系着这一条皮带，邓小平登上了都江堰，举目远眺、思接千古，展现一代伟人的深谋远虑。这条皮带柔软，漆面脱落，穿眼稍大，十分陈旧。它陪着邓小平走过了人生中的风风雨雨，也见证了他为国家殚精竭虑的无数个日日夜夜。

邓小平把这条皮带送给邓林，这不仅表达了一个长者对晚辈的关爱，更把老一辈勤俭节约的精神传给了晚辈。这是一种无声的嘱托，是一份宝贵的精神遗产。

故事 3：一件短袖衬衣

邓小平故居陈列馆里珍藏着邓小平穿过的一件短袖衬衣。关于这件短袖衬衣，很多人也许并不陌生，因为邓小平生前多次穿着这件短袖衬衣外出视察，走到人民中间，与群众打成一片。

1980 年 7 月初，邓小平到四川视察工作。盛夏的川蜀大地，正是烈日炎炎，他就是穿着这件短袖衬衣赴峨眉山参观考察的。当时峨眉山管理处的工作人员为了确保邓小平的安全，准备封山，邓小平知道后，坚决不同意。他说："我们也是游客，人家也是游客，大路朝天，各走半边，不要因为我来了就把游客挡在外边。"就这样邓小平一边攀登峨眉山，一边与四周的游客亲切交谈，询问他们的生产生活情况。7 月 6 日那天，当邓小平一行人行进在一条狭窄的山路上时，一位坐在青石上休息的老阿婆默默地注视着这位穿着短袖衬衣的老人迈着矫健的步伐朝自己走来。邓小平微笑着和她打招呼道："老人家，你好大年纪了？""77 岁，我属龙的。"阿婆摇着芭蕉扇慢慢地说道。"哦，那咱们是老庚（同岁）噢。今年收成怎么样？"邓小平问。"托菩萨的福，收成还不错。"老阿婆刚刚拜完菩萨。邓小平没再说什么，摆了摆手，继续向前走去。后

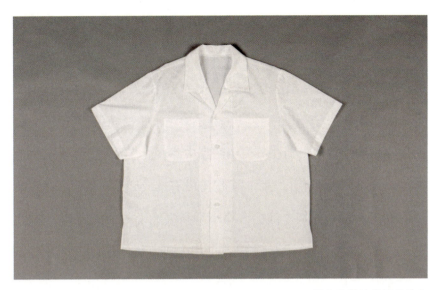

邓小平穿过的短袖衬衣

来，等老阿婆从别人那里得知刚才和她说话的就是邓小平时，她惊喜地向邓小平一行离去的方向望了望，为了表达感激之情，阿婆采用了农民们最质朴的方式——朝那个方向拜了三拜说道："您就是活菩萨哟。"

在四川考察期间，邓小平还参观了成都市郊农村沼气利用情况。"天府之国"的成都平原，千里平畴，土肥水美，温暖潮湿，物产丰富。可是燃料匮乏，困扰民生。千里贩煤，两煤斤米；树叶竹枝，不济什一。新中国成立后，四川省政府千方百计解决成都平原农村燃料问题。1973 年以后，开始在农村普遍进行沼气开发利用，推广沼气池及炉具、灯具。成都平原农村的沼气建设逐渐发展起来。成都平原沼气建设的成就引起了小平同志的兴趣。1980 年 7 月 10 日，在时任四川省委书记杨超的陪同下，他视察了成都市郊的农村沼气建设。当邓小平穿着那件人们熟悉的短袖衬衣、迈着矫健的步伐来到社员中间时，社员们都欢呼起来："邓副主席来了！邓副主席来了！"大家迅速围拢过来，热烈地鼓掌。邓小平满面笑容，一次次向大家招手问好。他先是参观了生产队的沼气动力房，然后又兴致勃勃地来到社员吴绍清家中参观。当看到宽敞明亮的厨房里，柴煤灶改成了沼气灶，厨房里没有堆放柴草、煤炭，也没有了农村厨房常有的烟尘油垢，邓小平高兴地说："火也变了，锅也变了，干净了，卫生了，沼气把过去的土锅土灶都改掉了。"他问吴绍清道："烧一锅开水要多长时间？""可能半个钟头吧。"邓小平又问："能不能炒菜？""能。"邓小平突然又很风趣地问："能炒腰花不？"意在问火力大不大。"……少量的也能炒。"吴绍清答道。邓小平高兴地笑了，大家都笑了。吴绍清又点燃沼气灯让邓小平看，邓小平说："沼气灯和电灯一样亮，沼气的灯具、灶具，你们社队企业可以生产嘛。沼气化可以带动社队各种工业的发展。"

邓小平穿着这件短袖衬衣外出视察的故事还有很多，他常常走到人民中去，倾听民声、与民同乐，人民也因此而记住了勤俭节约、平易近人的小平同志。睹物思人，每当看到这件衬衣，谁不会在脑海里浮现起小平同志的音容笑貌呢？

故事4：一副桥牌

打桥牌是邓小平后半生的业余爱好之一。1952年，邓小平在西南局工作的时候，有一次路过四川内江，一位朋友教他学会了打桥牌，从此打桥牌成了他工作之余的主要娱乐活动。

晚年的邓小平努力通过娱乐活动向自己的智力老化发起挑战，打桥牌就是其中的一项。他打桥牌，思维敏捷，叫牌准确，出手果断，技艺精湛，水准常令专业选手叫好。洗牌、发牌、叫牌、打牌、记分，每一步他都特别认真。邓小平打牌，不服输，遇到争议，他总要弄出个究竟。

有一次，打完一副牌，次女邓楠对邓小平说："你刚才那张牌不该那么出。"邓小平当时没说话。第二天，大家一坐到台上，他就把头一天那副牌往桌上一摆："你们说说？"对次女邓楠的批评，他还不大服气。有时候，牌局结束了，双方比分相差不多，如果邓小平这一方差了几分，他就会要求："再来一把。"他还想争取最后胜利。如果他的对手落后，他也会说："再来一把。"给对方一次

邓小平用过的桥牌

机会。其实，他自己也不想收牌。

邓小平不仅桥牌水平高，而且做事认真，对牌风牌德也提出了很高的要求。

中国著名围棋运动员聂卫平曾经这样说道：打桥牌只是一种调剂嘛，所以他有这样的水平我认为已经很了不起了，是我结识的这些中央领导里打桥牌打得最好的。有一次，我跟他搭档，那边是万里和友谊医院的院长诸寿和。我们俩把人家打得特别惨，我想给人家留点面子，就放了点水，就是现在说的"假球""黑哨"什么的，我当时就主动放了一把水。我看见万里的牌拿得比较平，他君子坦荡荡啊，我都看得见。我看见万里有很多张黑桃，我自己只有四张黑桃，我就叫四黑桃。万里就加番，"加番"是邓小平常用的，我们通常普通话叫"加倍"，一加番，我就宕了六个。六个是宕得太多了，当时老爷子就跟我说了一句话，"你创了世界纪录了"。宕了六个，宕得太多了。他打牌比较认真嘛，对于我这样的随便就损失很多被加倍宕了六个。后来他还对我太太说，你的先生围棋是九段，桥牌可不是九段。

由此可见，邓小平对桥牌的热爱和执着。他在打牌之余和牌友们聊天，常说的一句话就是：我能游泳，说明我的身体还行；我能打桥牌，说明我的脑子还行。

邓小平是中国桥牌运动的倡导人。他不仅支持，也亲自参加全国性的一些桥牌活动。1988 年 7 月，他担任中国桥牌协会荣誉主席，自 1984 年开始，"运筹与健康"老同志桥牌赛共办了 10 届，邓小平参加了九届。1992 年 1 月他在第九届比赛中再次获得了冠军，这是他连续三届获得该比赛的冠军。为此，组委会向他颁发了三连冠奖杯。

他还获得过许多国际荣誉：1981年12月，国际桥牌新闻协会为表彰他为中国桥牌运动和世界桥牌运动的发展所作出的贡献，将最高荣誉"戈伦奖"授予了他；1989年2月26日，世界桥牌联合会授予他"世界桥联荣誉金奖"，并作出决定：不能有两人同时拥有此项金奖；1993年6月，在国际桥坛久负盛名的美国桥牌名家鲍比·沃尔夫以世界桥牌联合会主席的身份来华访问，向他颁发了"主席最高荣誉奖"，以"感谢他多年来为中国及世界桥牌运动所作出的巨大贡献"。

对于桥牌，邓小平有着非常独到的理解，他曾说："桥牌如同音乐一样是一种世界语言，理应成为中国同世界各国人民之间相互交流、理解与友谊的桥梁。"邓小平用过的这副桥牌后由他的亲属赠送给邓小平故居陈列馆。

六、春天的故事

故事 1：一块手表

邓小平一生戴过两块手表，一块是1949年时任中共上海分局书记的刘晓送给他的"劳力士"表；另一块就是改革开放初期荣毅仁送给邓小平的"江诗丹顿"表，这块表见证了邓小平与荣毅仁长达半个世纪的友谊，更见证了邓小平绘就的改革开放的宏图。

　　邓小平与荣毅仁在 20 世纪 50 年代就开始了交往。那时他们的交往虽然不及荣毅仁与毛泽东、周恩来的交往那么多，但是邓小平是深深理解荣毅仁的爱国心的。上海解放时，他毅然留在祖国、大力支持抗美援朝战争、率先把自己的企业交出来实现公私合营等等，这些都使邓小平对这位民族资本家刮目相看，一直希望能有机会把他提拔到重要的工作岗位上，为国家建设作出更大的贡献。一次，毛泽东让邓小平选择几位党外人士担任部长，邓小平推荐了两人，其中一位就是荣毅仁，1959 年荣毅仁当上了纺织工业部

邓小平用过的最后一块手表

副部长。这可以说是邓小平对荣毅仁的第一次点将。

　　"文化大革命"开始后，邓小平与荣毅仁都受到了迫害，他们的见面机会也更少了。邓小平在思索着中国的未来，改革开放的宏图逐渐在他心里绘就。荣毅仁也始终坚信伟大的

中国共产党一定能结束这场浩劫，中国一定会有一个更加光明的未来！"文化大革命"结束了，不久邓小平复出工作，揭开了伟大的改革开放的序幕，中国的历史从此掀开了新的一页。在"文化大革命"中，荣毅仁的海外关系成为他的罪名之一，而今邓小平指出"海外关系"不是什么罪名，而是中国走向世界的有利条件。1978年，在邓小平的推荐下，荣毅仁出任全国政协副主席，他当即写下了"不甘伏枥添砖瓦，万里江山代代红"，以表达他对党中央的敬仰。1979年1月17日，邓小平又在人民大会堂会见了包括荣毅仁在内的工商界人士，他希望荣毅仁能摆脱一些其他工作，集中力量从事祖国经济建设工作，围绕开放、创汇或主持某一方面工作，或搞点什么别的以创出一条新路来。这样两种选择摆在了荣毅仁的面前：一种是当个部长什么的，一种是向新的领地开拓。前者对他来说是一条保险的"阳关道"，后者却是一条全新的探索之路。年过花甲的荣毅仁毅然选择了后者。他坚信党中央和邓小平会支持他去闯一闯的。他深感改革开放中引进外资的重要性，于是他决定创办中国国际信托投资公司，并马上起草了报告呈送党中央。邓小平等中央领导同志很快就批复同意。有了中央的支持，荣毅仁便开始了紧张的筹备工作。

一次，荣毅仁到邓小平办公室汇报筹备工作情况，他偶然发现邓小平戴的还是20世纪50年代的那块"劳力士"表，表带上已是斑斑锈迹，他对邓小平的俭朴产生了无限的敬意。1979年4月，中央安排荣毅仁出访欧洲，出访国包括手表王国瑞士。荣毅仁就利用在瑞士访问的间隙，在比较了几种不同的名表后，为邓小平精心挑选了这款"江诗丹顿"表。回国后荣毅仁把这块手表送给了邓小平。邓小平也非常高兴地接受了这份礼品，并说道："戴上一块新手表也表示一个新时代的开始嘛，这份礼物我收下了。"

在邓小平的亲切关怀下，荣毅仁顶住了筹备工作中的种种压力，终于在1979年10月4日正式成立了中国国际信托投资公司。荣毅仁送给邓小平的那块"江诗丹顿"表随着邓小平的逝世而永远定格在1997年2月19日21时08分，但是伟人开创的伟业还在继续，我们每个人都是继承者……

故事2：一件大衣

邓小平是一位久经考验、具有雄才伟略和远见卓识的无产阶级革命家、政治家。他选择在20世纪90年代初期视察南方并非偶然，而是一个经过深思熟虑的重大战略行动。1992年1月18日至2月21日，邓小平视察武昌、深圳、珠海、上海等地，发表了重要讲话。邓小平南方谈话对中国的经济改革与社会进步起到了关键的推动作用。这件大衣见证了1992年的邓小平南方之行。

景色旖旎的南方大地，和风轻拂，令人心旷神怡，它似乎吹散了之前国际国内上空所笼罩的那层阴霾。邓小平以88岁的高龄视察南方。此时，着一件雪花呢大衣的他用炯炯的目光注视着这片热土，充满了坚毅与从容。

20世纪80年代末90年代初，国际国内形势相当严峻。国际上矛盾错综复杂，风云变幻莫测。1991年，随着苏联解体、东欧剧变，国际共产主义运动顿时陷入低潮。东西两极体系彻底瓦解，两极冷战局面结束，世界力量对比失衡，出现了多极化的趋势。世界的大变动、

邓小平视察南方时穿过的大衣

大改组，对中国产生了震撼性的影响。当时，西方国家加紧对原社会主义国家进行渗透，一些发展中国家在全球化进程中迅速发展，中国面临着严峻的挑战。

邓小平在南方谈话时反复强调说，基本路线不能变，以经济建设为中心不能变。之所以这样强调，就是因为他觉察到已经出现偏离基本路线的征兆，事关社会主义的前途，关系到党和国家的存亡，他要出来"说一说"了。到哪里说呢？他选择了南方，到改革开放先行一步的深圳、珠海等地视察，发表重要讲话。

邓小平南方谈话分析了当时的国际国内形势，科学地总结了党的十一届三中全会以来改革开放和现代化建设的基本实践和基本经

验，进一步阐明了改革开放的重大意义，阐述了建立社会主义市场经济理论的基本原则，从理论上深刻回答了长期困扰和束缚人们思想的许多重大认识问题，是把改革开放和现代化建设推向新阶段的又一个解放思想、实事求是的宣言书。

1992 年 2 月 20 日，88 岁高龄的邓小平在结束南方视察返京途中，在蚌埠市稍作停留。他身穿雪花呢大衣，系着浅咖啡色围巾，神采奕奕，稳步走下车厢，笑容满面地和迎候的市党政军负责同志一一握手，随后，迈着稳健的步伐在站台上散步，并听取蚌埠市改革开放及有关工作的汇报。

列车启动了。此时的邓小平，早已和全国人民心心相连，怀着必胜的信心，一起迈向更加美好的明天。

故事 3 :"中华牌"铅笔

邓小平作为一位世纪伟人，"三落三起"的人生经历使他的一生波澜壮阔、富有传奇色彩。而晚年的他却一直渴望过一种平静的生活，他曾说，"退休以后，我最终的愿望是过平民生活"，"我要在大街上散步，还要逛商场"。

1992 年 2 月 18 日是元宵佳节。这一夜的上海华灯璀璨、烟花满天，一盏盏花灯映衬着一张张笑脸，整个上海都沉浸在节日的喜庆中。晚上 8 时许，在时任中共上海市委书记吴邦国、市长黄菊等陪同下，邓小平出现在上海南京路第一百货商店。来这里逛逛是他一到上海就提出的要求，因为自党的十一届三中全会以来，邓小平就一直有逛一次商店、当一回顾客的愿望，今天他终于可以遂了这个13年的夙愿了，所以他感到很激动，步履也显得特别轻盈。而商店中的顾客发现邓小平精神矍铄地来到他们中间时，顿时响起雷鸣般的掌声，并向邓小平围拢过来。

在人群的簇拥下，邓小平一面听商店经理介绍商店的基本情况，一面走向呢绒柜台。吴邦国指着面前这位售货员说："这位是全国劳动模范、上海市优秀党员马桂宁，他在卖布的同时还研究顾客心理学，还能编书呢。"邓小平握着马桂宁的手连声说："好！好！"马桂宁也激动地对老人家说："衷心地祝您健康长寿，感谢您对我们营业员的关心和鼓励。"

接着，邓小平一行沿着柜台仔细观看陈列的各类服装，参观完三楼的服装柜台，正准备走向电梯时，看见不远处有一个文具店，便信步走上前去，饶有兴趣地看起了里面的文具。正在附近的马桂宁立即走过来当起了"临

邓小平在上海第一百货商店购买的铅笔

时营业员"。他热情地向邓小平一一介绍各种新款铅笔、圆珠笔和橡皮。邓小平的女儿邓楠在一旁说："你就买一点吧。"邓小平当即表示赞同，并向大家说："铅笔是让孩子们好好学习的，橡皮是让他们明白错了就要改。"于是售货员从柜台里挑了最好的"中华牌"铅笔，铅笔是彩色的，一共 4 封，每封 10 支，而橡皮是 4 块红色的艺术橡皮，当时是用一种土色的纸包装的。售货员将包好的铅笔、橡皮装进塑料袋递给了邓小平。邓小平微笑着说："谢谢你啦。"他摸口袋付钱，但口袋里没有钱。吴邦国借给他 10 元钱。他笑笑说："几十年没有亲自花过钱了。"然后拎着装有铅笔、橡皮的塑料袋离开了文具柜台。

这次逛商场只有短短的一个多小时，但是邓小平的脸上始终洋溢着幸福的微笑，他的内心也一定充满着喜悦。他了却了自己一个 13 年来的夙愿，在晚年多了一份过平民生活的回忆。"铅笔是让孩子们好好学习的，橡皮是让他们明白错了就要改"，这简单的话语饱含着一位长辈对晚辈们的殷殷嘱托。我们每个人都应该牢记这份嘱托，好好学习、知错就改，这样才能健康成长，中国也才能取得更大的成就！

故事 4：《我们的总设计师》国画

邓小平缅怀馆展出了一幅名为《我们的总设计师》国画，这是李琦送给邓小平九十华诞的礼物。李琦是中央美术学院教授、著名画家，被誉为"革命领袖画像第一人"。早在1960年他就创作了一幅名为《主席走遍全国》的领袖肖像画，以简朴的笔墨传神地表达了毛泽东身穿布衣、手持草帽、风尘仆仆、神采奕奕来到祖国大地的形象。这使当年32岁的他一举成名。而《我们的总设计师》是李琦继《主席走遍全国》后又一幅在国内外产生强烈反响的力作，也是他的艺术境界达到炉火纯青的又一代表作。

谈到《我们的总设计师》的创作，李琦指出这源于他和夫人于1991年在广东的一次考察。1991年，改革开放后的第12个年头，在改革开放这股春风的吹拂下，位于南国海滨的深圳、珠海两个城市正发生着翻天覆地的变化，那一栋栋拔地而起的大厦、那熙熙攘攘的车流人流、那琳琅满目的商品，都无不在彰显着这个城市的生机与活力，无不在昭示着这个昔日贫穷的小渔村正一步步走向国际性的现代化大都市，无不在证明着改革开放政策的巨大成就。这

李琦为祝邓小平九十华诞绘制的《我们的总设计师》

些，画家李琦都看在眼里、记在心里，这也一次次撞击着他那敏感的思绪、激发着他的创作灵感。他觉得作为一个画家，特别是作为一名在"延水甜、小米香"的环境中成长起来的人民画家，他有责任用手中的画笔来表达对改革开放总设计师邓小平的敬仰与爱戴之情。晚上回到宾馆，邓小平的身影又一次次浮现在他的脑海中，他再也按捺不住自己的手，于是连夜奋笔画就了一幅邓小平画像的草图。考察结束回到北京后，他一次次端详自己在广东画就的草图，总感觉还是没有完全表达出自己的思想感情。于是他四处收集邓小平生平不同时期的几百幅照片，从中感受邓小平的音容笑貌、性格特征，把握他的丰功伟绩、博大情怀。在这个过程中，他利用从照片中捕捉到的灵感继续完善他的创作构思，一次又一次地绘制草图，先后共绘制了 19 幅。他对这幅画的重视与付出的心血可想而知。就这样经过他一次次的修改，一幅让世人称颂的《我们的总设计师》终于绘制成功了。事后他回忆道："画小平画了 19 张，看起来线条只有几笔，我整整画了 3 个月，其他的我都撕了，我不能让形象不好的领袖像传世，让人家看到说怎么不像啊。有缺点的画都不能存在。"

此画公开出版后，在神州大地掀起了购买《我们的总设计师》的热潮，海内外媒体也高度关注，《人民日报》等国内外数十家报刊竞相刊发。新华社报道："这幅肖像画以精湛的中国水墨画技巧，成功地展示了中国社会主义改革开放和现代化建设总设计师邓小平的非凡气质和风采。画作中的邓小平稍向左倾、眺望远方的眼睛投射出深邃、睿智的目光，仿佛在运筹、勾画着改革开放的宏伟蓝图。那微微抿起的嘴角，显示出刚毅和自信的神情，表现出对社会主义充满信心的坚定信念。"

1994 年 8 月，邓小平九十华诞时，李琦将这幅画作为生日礼物送给了邓小平。那惜墨如金的线条却表现了画家李琦教授和千千万万中国人民对这位改革开放总设计师的浓浓深情。

特色活动

邓小平故里定期开展"四个结合"特色教育活动，即结合全国爱国主义教育示范基地，开展丰富的纪念活动，让观众身临其境，增强情感共鸣，激发爱国热情；结合全国新时期党性教育特色基地，开展共建共育活动，使广大党员干部坚定理想信念，在潜移默化中接受思想熏陶和启迪；结合全国中小学生研学实践教育基地，打造大思政课堂，组织开展青少年思想道德教育和弘扬社会主义核心价值观专题教育活动，培养青少年社会责任感和担当精神，将红色基因融入血脉，为实现中华民族伟大复兴而努力奋斗；结合国防教育基地，开展国防知识主题教育活动，让广大群众深入了解我国国防建设的重要性和紧迫性，从而增强国防意识，关心和支持国防事业。

一、精品宣教

（一）指导思想

红色是邓小平故里最鲜亮的底色。红色基因蕴含着中国共产党人的精神密码，是中华民族宝贵的精神财富。为深入学习贯彻习近平文化思想，着力培育和践行社会主义核心价值观，弘扬红色文化、传承红色基因、赓续红色血脉，树立鲜明价值导向，邓小平故里守正创新，推出系列精品"春天的故事"主题宣教活动。

（二）项目背景

邓小平故里是全国爱国主义教育基地、全国新时期党性教育特色基地、全国中小学生研学实践教育基地、国家 5A 级旅游景区。近年来，为深入学习贯彻习近平文化思想，充分发挥基地作用，邓小平故里以"讲好红色故事、传承红色基因、弘扬改革开放精神"为使命，紧扣重大历史节点、历史事件，打造一系列以红色文化教育为基础、特色党性教育为重点、青少年研学教育为优势的社会教育品牌，擦亮伟人故里红色名片，助推广安红色旅游高质量发展。

（三）项目内容

1. 组建一支"金牌"队伍

在新形势下，讲解员被赋予时代内涵，从单一的讲解工作转变为更科学化、社会化、多元化的社会教育工作。为优质高效地开展宣教工作，邓小平故里充分利用讲解员队伍人才优势，按照"好中选优、优中选强"的原则，遴选30余名金牌讲解员、红色旅游五好讲解员组成了邓小平故里"春天的故事"宣讲团，为高质量开展邓小平故里宣教工作夯实人才根基。近年来，团队先后获评"全国青年文明号""全国三八红旗集体""四川省五四青年奖章集体"等

"春天的故事"宣讲团

称号，宣讲团成员参加国省市各类赛事 30 余次，先后 8 人次荣获全国金牌讲解员、全国红色旅游五好讲解员等国家级奖项，18 人次荣获四川省金熊猫奖先进个人、四川省金牌讲解员等省级奖项。累计开展宣讲活动 1500 余场次，受众达 120 余万人次，多次赴北京、浙江、广东、重庆、西藏等地开展巡讲巡演，受到新华网、央视网、"学习强国"学习平台等主流媒体广泛关注报道。

2. 打造一批精品课程

邓小平故里"春天的故事"宣讲团坚持以习近平新时代中国特色社会主义思想为指导，围绕党的二十大、二十届三中全会精神以及习近平总书记来川视察重要指示精神等，聚焦成渝地区双城经济圈建设、东西部协作等事关广安发展的国家战略，依托邓小平故里丰富的革命历史资源和得天独厚的自然生态资源，组织策划"信仰之光　点亮梦想"党性教育、"学伟人风范　做强国少年"红色故事进校园等主题活动，打造了 60 余个精品特色课程，其中，《小平大讲堂》《永远的小平——邓小平同志光辉故事》等系列微党课入选全国党员干部现代远程教育平台，《伟大变革》《拐点 1977》等作品在"学习强国"学习平台展播，《追寻小平足迹赓续改革精神》入选"百节新青年大思政课"系列首批 10 节沉浸式课程。

（1）《一切为了人民》

课程简介：该课程聚焦党的二十大、二十届三中全会精神，以习近平总书记在纪念邓小平同志诞辰 110 周年、120 周年座谈会上

"一切为了人民"主题宣讲进机关

的重要讲话精神，突出展现邓小平信念坚定的崇高品格、热爱人民的伟大情怀、实事求是的理论品质、开拓创新的政治勇气、高瞻远瞩的战略思维、坦荡无私的博大胸襟等6个方面，激励广大党员干部在新时代新征程上踔厉奋发、勇毅前行。

课程节选：邓小平曾说："我是中国人民的儿子，我深情地爱着我的祖国和人民。"这句朴实的话语正是邓小平一切为了人民的情感来源。信念坚定，是邓小平同志一生最鲜明的政治品格，也永远是中国共产党人应该挺起的精神脊梁。热爱人民，是邓小平同志一生最深厚的情感寄托，也永远是中国共产党人应该坚守的力量源泉。开拓创新，是邓小平同志一生最鲜明的领导风范，也永远是中国共产党人应该具有的历史担当。习近平总书记指出："对邓小平同志最好的纪念，就是把他开创的中国特色社会主义事业继续推向前进。"新征程上，让我们高举中国特色社会主义伟大旗帜，更加紧密地团结在以习近平同志为核心的党中央周围，自信自强、守正创新，踔厉奋发、勇毅前行，向着全面建设社会主义现代化国家、向着第二个百年奋斗目标前进。

（2）《一座老院子的故事》

课程简介：邓小平同志故居是全国重点文物保护单位，当地老百姓亲切地称之为"邓家老院子"，邓小平在这里出生、成长。该课程以老院子为载体，深情回顾邓小平为国为民奋斗一生的家国情怀。

课程节选：少小离家，乡音不改。当年，从这里走出去的热血青年，已成长为坚定的共产主义战士，为了亿万中华儿女的幸福，殚精竭虑。他从未回过故乡，却每年请乡亲捎去故居的照片。古稀之年，他嘱托长子回乡看望乡亲、拜祭父母。他说：家乡的鱼最鲜，家乡的豌豆尖最嫩，家乡的柚子最香甜！在他的梦里，一定无数次回到过，这儿时的乐园。

"我是中国人民的儿子，我深情地爱着我的祖国和人民。"这是一个伟人，永远的回答！

（3）《一根枕木的故事》

课程简介：该课程以邓小平故居陈列馆的珍贵文物"枕木"为依托，讲述邓小平同志主持修建成渝铁路的艰辛历程，由此拉开成渝地区经济发展大幕，为新时代成渝地区双城经济圈建设奠定了坚实的基础。

课程节选：1949年，邓小平主政大西南，上任后他做的第一件事，就是解决交通问题，修建成渝铁路。

路，谁来修？10万老百姓踊跃报名，其中年龄最小的只有14岁。他们不计报酬，自备干粮，自带工具，哪里需要就去到哪里。

材料，从哪里来？全国各地纷纷增援，鞍钢的钢锭、上海的钢梁、武汉的机车，源源不断运往重庆。沿线老百姓全力支援，全川共献出枕木129万根。没有机械设备，怎么办？筑路大军靠着锄头、铁锤、扁担和箩筐，攀爬在悬崖峭壁之间一步一挪开辟路基，一场看似不可能完成的决战开始了。10万筑路大军，700多个日夜，200多座桥梁，400多个涵洞，两地人民豪情万丈、战天斗地，用生命和热血筑就了这条奇迹之路。这是新中国的第一条铁路！这是巴蜀人民盼了40年的幸福路。

（4）《拐点1977》

课程简介：高考制度自1977年恢复至今，已有47载，是伴随着中国改革开放的坚实步伐而稳步前行的。本课程聚焦邓小平决策恢复高考的重大史实，展现"恢复高考"这一历史决策的艰难、伟大，为当时青年学子、知识分子带来了"科学的春天"，也展现出这一历史事件对我国社会发展产生的积极、广泛和深远的影响。

课程节选：邓小平第三次复出后，自告奋勇抓科技和教育。而此时，教育领域摆在他面前的是一个停滞了十年的困局：招生靠推荐、教材不规范、教师无尊严。同发达国家相比，我们的科学技术和教育整整落后了20年。1977年8月4日，邓小平恢复职务仅仅10天，便主持召开了一场富有传奇色彩的科学和教育工作座谈会，他特意邀请了33位敢说话、有才学的著名专家学者参加，会上邓小平当场决断，恢复高考。并且，摒弃了一直沿用的十六字招生标准，改为"自愿报考、严格考试、择优录取"。

1977年冬天，全国有570万青年报名参加了考试，录取27.3万人。1978年，610万人报考，录取40.2万人。恢复高考培养了一大批承前启后的人才，让他们成为社会主义现代化建设的中坚力量。1977年，那是无数人命运的拐点，更是一个时代、一个民族、一个国家的拐点，让我们永远铭记：1977！

（5）《清风课堂　辉映初心》

课程简介：纪律是管党治党的"戒尺"，也是党员、干部约束自身行为的标准和遵循。为深入贯彻落实习近平总书记关于加强新时代廉洁文化建设的重要指示要求，本课程聚焦充分发挥廉洁文化教育引领作用，引导广大党员干部常存敬畏之心、常紧纪律之弦，不断把纪律要求转化为内在要求。

课程节选：100多年来，中国共产党之所以历经沧桑而朝气蓬勃、饱经磨难而愈加坚强，其奥秘就在于勇于自我革命、从严管党治党。以毛泽东、邓小平、江泽民、胡锦涛、习近平为主要代表的中国共产党人，走出了一条依靠中国共产党领导反对腐败、依靠社会主义法治严惩腐败、依靠社会主义制度优势治理腐败的中国道路。

十九届中央纪委六次全会总结运用党的百年奋斗历史经验，以前所未有的勇气和定力推进党风廉政建设和反腐败斗争。用坚如磐石的政治信仰、披坚执锐的能力本领、坚不可摧的纪律作风，辉映着一个百年大党的初心使命，书写新时代勇于自我革命的新篇章。让我们从勤政廉政的表率——邓小平的故事中学习伟人风范，汲取浩然正气。

（6）《追寻小平足迹　赓续改革精神》

课程简介：该课程以陈列馆第五部分"开创伟业"为主线，即1978年以来邓小平开启我国改革开放历史征程的内容。以微党课

的形式讲述展馆内珍贵文物、图片、视频等资料背后的故事，现场以问答互动的形式学思践悟邓小平改革开

宣讲团开展红色情景研学课程展示

放的精神内涵。

课程节选：各位学员大家上午好！欢迎来到邓小平故居陈列馆，参加今天的"红色展馆研学"活动。我是今天的研学导师×××。大家现在看到的邓小平故居陈列馆位于四川广安市协兴镇牌坊村，是国内唯一一家以纪念邓小平为主题的博物馆，分为"走出广安""戎马生涯""艰辛探索""非常岁月""开创伟业"5个部分。今天，我们要研学的重点是第5部分——"开创伟业"。下面进入互动课堂环节。

（7）《同城融圈　筑梦广安》

课程简介：成渝地区双城经济圈建设是习近平总书记亲自谋划、亲自部署、亲自推动的重大战略决策，为深入学习习近平总书

记相关指示精神，该课程聚焦广安市第六次党代会提出的"同城融圈、优镇兴乡、品质主导、产业支撑"四大战略，讲述地处川渝合作前沿的广安，如何抢抓成渝地区双城经济圈建设重大战略机遇，加快建成川渝合作示范区，打造重庆都市圈北部副中心。

课程节选：伟人故里广安，作为四川距离重庆主城区最近的地级市，每年有16万多人在重庆务工就业，50%的工业产业配套重庆，60%的游客来自重庆，70%的农产品销往重庆，是成渝地区双城经济圈中的重要节点，广渝两地你中有我，我中有你，难舍难分。

何为"同城融圈"？"同城"就是广安加快与重庆中心城区同城化发展；"融圈"就是广安加快步伐融入重庆都市圈，将广安打造成重庆都市圈北部副中心。

怎样"同城融圈"？"同城融圈"就是要让广渝两地跑得更快。"同城融圈"就要让广渝两地基地更优。"同城融圈"就是要让广渝两地渠道更畅通。"同城融圈"就是要让广渝两地改革更快。"同城融圈"就是要让广渝两地靠得更近。

（8）《共同富裕 共建广安》

课程简介：为迎接邓小平同志诞辰120周年，配合广安市委、市政府开展好"共同富裕 共建广安——争做新时代小平家乡种树人"活动，围绕邓小平关于共同富裕的一系列重要论述，结合沿海城市飞速发展、广安经济形势等，打造"共同富裕 共建广安"宣讲课程，号召社会各界一起种下产业发展之树、改革开放之树、民生幸福之树、社会和谐之树，让"共同富裕之树"根深叶茂、蔚然成林。

课程节选：大道之行也，天下为公。从"大同"到"共同富裕"，中华民族追梦的脚步从未停下。在通向共同富裕的道路上，

古今中外无数仁人志士进行过虽九死其犹未悔的艰辛探索。时至今日，共同富裕仍是一个全球性的人类难

宣讲团进行"共同富裕　共建广安"快板表演

题。中国改革开放的总设计师邓小平，在前人探索的基础上，结合改革开放实践，为实现中国人民的共同富裕进行了全方位的探索，形成了关于共同富裕的完整理论。

（四）项目实施

1. 实施方式

　　宣讲团坚持立足邓小平故里红色资源，持续创新宣讲形式、丰富宣讲内容、提升宣讲能力，以大众的视角、接地气的语言传播红色文化。采取"宣讲＋文艺展演""宣讲＋红色故事""宣讲＋互动体验"等方式，以"小话题"反映"大主题"，用"小故事"说明"大道理"，通过国家非物质文化遗产项目金钱板、表演唱、情

在全国革命纪念馆高质量发展论坛上展示"如果怀念"情景朗诵

特色宣讲助力"小平故里行·华蓥山上居·嘉陵江畔游"文旅推介

景演绎、诗歌朗诵、群口快板、情景微党课等大众喜闻乐见的方式，声情并茂地将党的理论方针、伟人的传奇故事、新时代的辉煌成就等转化为群众喜爱的文化产品。

2. 实施对象

一是在实施过程中，宣讲团策划编排宣讲情景剧，带上展览、文物及故事，进机关、进学校、进部队、进企业、进社区开展"五进"活动；针对不同对象策划不同主题、不同内容的宣讲活动。例

"清风课堂　辉映初心"主题宣讲进机关

"奋进新时代　强军新征程"主题宣讲进部队

"共同富裕　共建广安"主题宣讲进经济特区

"学伟人风范　做强
国少年"主题宣讲
进校园

赴北京天安门地区
开展"国旗下　春
风里"主题宣讲

宣讲团表演国家非
遗"金钱板"

宣讲团开展"信仰的颜色——国旗下的思政课"主题活动

如：走进机关开展"信仰之光　点亮梦想"党性教育主题宣讲；在学校开展"学伟人风范　做强国少年"红色故事进校园活动；到企业开展"共同富裕　共建广安——争做新时代小平家乡种树人"主题活动；在部队开展"奋进新时代　强军新征程"主题宣讲等，切实推进"五进"活动走深走实、出新出彩。

二是依托邓小平故里主阵地优势，深化"我们的节日"主题活动，为前来邓小平故里参观的游客，广泛开展主题鲜明、内容丰富、形式多样的群众性主题实践活动，丰富节日文化内涵，推动中华优秀传统文化创造性转化和创新性发展，发挥博物馆在保护和传承中华优秀传统文化中的重要阵地作用，让传统节日活动聚人气、有活力、可持续，推动传统节日文化更好走进人们的生活。

活动策划：何青、张译文、张燕、谢枫艳、聂静

活动成员：邓小平故里"春天的故事"宣讲团

二、思政"金课"

（一）指导思想

为深入学习贯彻习近平总书记关于革命文物、思政教育工作重要指示批示精神，推动革命文物资源与"大思政课"建设融合发展，充分运用革命文物资源赋能学校思政课建设，把"一馆一课"建设作为坚定文化自信，担当文化使命，促进革命博物馆、纪念馆高质量发展和推动思政课建设内涵式发展的重要举措。

（二）项目背景

为切实发挥好红色场馆及革命文物资政育人作用，近年来，邓小平故里深入推进"一馆一课"建设和大中小学思想政治教育一体化建设，利用馆藏革命文物资源，依托展览内容，深入挖掘邓小平信念坚定、热爱人民、实事求是、开拓创新、高瞻远瞩、坦荡无私等品格的系列故事，重点打造了主题鲜明、内涵丰富、形式生动的"春天里"思政金课品牌，形成了一批立得住、树得起、叫得响的"行走的思政课""纪念馆里的思政课"，充分发挥革命文物培根铸魂、启智润心、协同育人教育功能，让革命文物"活"起来，引导广大学生深入了解党情、国情，树立为共产主义远大理想和中国特色社会主义共同理想而奋斗的信念，激发广大青年学生干事创业的激情和力量，为实现中华民族伟大复兴中国梦贡献青春力量。

（三）项目内容

育人先育德，邓小平故里"春天的故事"宣讲团立足小平故里富集红色资源优势和新时代思政教学新要求，精心打造"春天里"思政金课品牌，科学精准定位，深挖精神文化价值，根据不同学龄段设计不同课程内容，一是针对大学及高中学生开展"小平您好"

"小平您好"思政课

"善学者　其如海"思政课

思政课，以邓小平同志波澜壮阔的人生历程为主线，讲述他为国为民奋斗一生的光辉故事，为广大青年学生送上精彩的思政课堂。二是针对初中及小学高龄段学生开展"善学者　其如海"思政课，以少年小平立志作为课程切入点，以小平同志的成长为脉络，形成了专题式、互动式、开放式、沉浸式、启发式的多元化教学模式。三是针对小学低龄段学生开展"希贤课堂　筑梦远航"思政课，以伟人青少年故事、红色故事研学为主，用学生听得懂、感兴趣的教学方式，将邓小平故里打造成为广大学生的"第二课堂"。

1. 让思政课堂"活"起来

创新教学模式。邓小平故里"春天的故事"宣讲团积极探索思政教学新模式，让其真正内化于心、外化于行。课程以少年邓小平

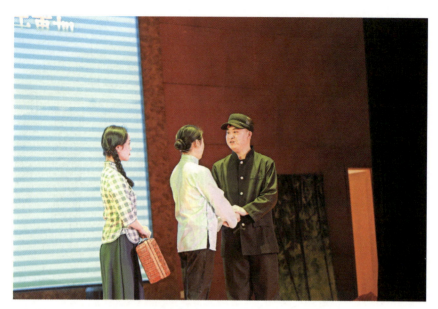

"善学者 其如海"思政课情景演绎

立志作为课程切入点，采用情景剧表演、故事讲述、舞台宣讲、视频短片、红色歌曲等多种极具感染力的形式，为青少年学生献上了一场精彩纷呈的思政盛宴。

打造多彩课堂。推出的"善学者 其如海"小平故里思政课，用流动课堂、红色课堂、家国课堂等形式，从"一方热土""一堂政治课"再到"一封家书""一次远行"奠定"一生信仰"，再现了邓小平伟大传奇的人生历程，让思政教育从纸上走入心间。启迪青少年学生感悟少年邓小平的追梦史、党的百年奋斗史，引导学生们将"爱国情、强国志、报国行"注入血液，融入灵魂。

2. 让思政课程"亮"起来

流动课堂深入人心。宣讲团将一件件珍贵的文物、一张张生动

"善学者　其如海" 思政课情景演绎

的照片、一个个鲜活的事例从"红色阵地"带到"校园课堂",以珍贵合影照片、"国礼"工厂登记卡为例,通过故事讲述,配合实物、音乐、背景视频,带领师生们回顾了中国共产党百年来的光辉革命历程,让文物"活"起来。

红色课堂浸润人心。为增强课堂的参与度、趣味性,在红色基因传承教育环节,通过在宣讲过程中不时穿插互动歌曲的形式,变"被动式"听讲为"互动式"交流。

家国课堂振奋人心。为丰富思政课形式,融情于景,寓教于剧,宣讲团用情景剧的方式生动再现五四运动时期,面对国家危亡、社会动荡,中国青年的家国情怀。让思政教育既跃然眼前又润物无声,有筋骨、有温度、有活力、有朝气。

（四）项目实施

定期组织进校园开展思政课大讲堂，对青少年进行党史学习教育、红色教育洗礼，让他们从红色故事、伟人精神中培育品格修养和人生追求，引导广大学生知党情、报党恩、跟党走，培养爱国主义情感和历史情怀，树立正确的历史观。

1. 课程研发

引入丰富多彩的红色故事、红色案例、红色视频，采取情景式、互动式、体验式、案例式、专题式等教学方式方法，形成系列课程体系，让红色文化"活"起来。

2. 课程试行

思政课程经相关部门审定后，纳入思政教学体系，有机融入课堂教学，实现红色文化在高校、中小学思政课堂上的有效传播。

3. 课程优化

开展课程调研，对收集反馈意见进行归纳、整理，并针对试行阶段出现的难点问题，开展专题讨论研究并进行课程优化。

4. 课程实施

以邓小平成长、学习、励志的广安希贤学校、广安中学为开端，开启思政课教学，继而在全国与邓小平相关的纪念地各小、中、大学校开展实施。

5. 课程报告

将思政课研发、试行、优化及整个实施过程形成书面报告。

    课程策划：何青、张译文、张燕、谢枫艳、聂静

    活动成员：邓小平故里"春天的故事"宣讲团

图书在版编目（CIP）数据

邓小平故居陈列馆 / 《邓小平故居陈列馆》编写组
编. -- 北京：学习出版社，2025. 2. --（"全国爱国
主义教育示范基地巡礼"系列图书）. -- ISBN 978-7-5147
-1309-1

Ⅰ. A767

中国国家版本馆CIP数据核字第2024C7S589号

邓小平故居陈列馆
DENGXIAOPING GUJU CHENLIEGUAN
本书编写组　编

责任编辑：李　岩　左轩铭
技术编辑：刘　硕
装帧设计：映　谷

出版发行：学习出版社
　　　　　北京市崇外大街11号新成文化大厦B座11层（100062）
　　　　　010-66063020　010-66061634　010-66061646
网　　址：http://www.xuexiph.cn
经　　销：新华书店
印　　刷：河北鹏润印刷有限公司

开　　本：710毫米×1000毫米　1/16
印　　张：9.25
字　　数：95千字
版次印次：2025年2月第1版　2025年2月第1次印刷

书　　号：ISBN 978-7-5147-1309-1
定　　价：48.00元

如有印装错误请与本社联系调换，电话：010-66064915